编委会

电网企业薪酬激励
知识普及手册

（2024年版）

国网陕西省电力有限公司　编

内 容 提 要

本书着重于薪酬激励政策措施和规章制度。全书共分上、下两篇，上篇共分为十章，以 Q&A（问 & 答）的方式解释薪酬激励相关政策、法律法规、规章制度，内容包括薪酬管理通识、工资支付、工资总额管理、岗位绩效工资制度、企业负责人薪酬管理、企业负责人履职待遇和业务支出、员工奖惩、人工成本效率、“三项制度”改革、合规管理。下篇共分为四章，收录了国内关于人力资源劳动争议中典型的与薪酬相关的案例，内容包括工资发放类、请假加班类、劳动合同类和其他。

本书可作为员工加深薪酬认识和深化公司薪酬激励策略的工具书，也可作为薪酬管理从业人员学习使用的培训教材，还可供相关行业的各级管理者参考和借鉴。

图书在版编目（CIP）数据

电网企业薪酬激励知识普及手册：2024 年版 / 国网陕西省电力有限公司编 . -- 北京：中国电力出版社，2025. 2. -- ISBN 978-7-5198-9601-0

Ⅰ. F426. 61-62

中国国家版本馆 CIP 数据核字第 202519ZJ20 号

出版发行：中国电力出版社
地　　址：北京市东城区北京站西街 19 号（邮政编码 100005）
网　　址：http://www.cepp.sgcc.com.cn
责任编辑：赵　杨（010-63412287）
责任校对：黄　蓓　张晨荻
装帧设计：郝晓燕
责任印制：石　雷

印　　刷：北京九天鸿程印刷有限责任公司
版　　次：2025 年 2 月第一版
印　　次：2025 年 2 月北京第一次印刷
开　　本：710 毫米 ×1000 毫米　16 开本
印　　张：9.5
字　　数：154 千字
定　　价：65.00 元

前　言

近年来，国网陕西省电力有限公司（简称公司）人力资源工作围绕发展改革全局，在公司党委的坚强领导下，高度重视调查研究、制度建设、专业协同、政策落地，持续加大考核与薪酬挂钩力度，创新建立“挣工资”总额分配机制，推行宽带岗级岗位绩效工资制度，出台绩效工资分配指引，强化薪酬分配正向激励作用。以数字化转型为核心，创新建设薪酬激励全流程穿透性监控分析应用，突出岗位责任与业绩贡献，统筹物质和非物质，形成多维立体的激励体系。

为加强薪酬激励制度和政策宣贯，便于薪酬管理者领会政策和各项管理要求，相关专业管理者掌握运作模式和规范要求，广大员工了解公司薪酬激励与自身价值贡献之间的关系，公司组织编制了《电网企业薪酬激励知识普及手册（2024 年版）》（简称《普及手册》）。

《普及手册》共上、下两篇，上篇以 Q&A（问与答）的方式对国家和地方政府、国家电网有限公司（简称国网公司）、公司薪酬激励相关政策、法律法规、规章制度等的重要概念、核心内容、重要条款、“底线”和“红线”要求、员工关注问题等进行解读答疑；下篇收集整理了国内关于人力资源劳动争议中典型的与薪酬相关的案例，帮助各级管理者识别、预防潜在风险。

《普及手册》采纳了公司系统各单位人力资源管理者和员工的意见和建议，真诚希望通过此手册的出版，能够更广泛地听取读者的意见和建议，深入推进公司“三项制度”改革工作，不断提升管理效益和效率，同时也为其他专业提供一定参考。

《普及手册》所涉及法律法规、制度文件等均为截至 2024 年 11 月在行，后续发生政策调整，可能会对相关内容产生影响。因此，读者在使用《普及手册》时应关注最新变化，以确保信息的时效性和准确性。

编　者

2024 年 11 月

目 录

上篇

薪酬激励相关政策、法律法规、规章制度

第一章 薪酬管理通识

Q1 什么是工资?

答：工资，是指企业按照国家法律法规和劳动合同的约定，以货币形式支付给职工的劳动报酬，包括计时工资、计件工资、奖金、津贴和补贴、加班加点工资及特殊情况下支付的工资。

工资收入，是指企业分配给职工的各种工资内外收入，包括工资性收入及职工福利、社会保险、企业年金、企业补充医疗保险、住房公积金、国有股权期权等工资外收入。

Q2 什么是工资总额?

答：《关于工资总额组成的规定》（国家统计局令第 1 号）明确，工资总额是指由企业在一个会计年度内直接支付给本企业建立劳动关系的全部职工的劳动报酬总额，包括工资、奖金、津贴、补贴、加班加点工资、特殊情况下支付的工资等。

Q3 什么是计时工资、计件工资?

答：《关于工资总额组成的规定》（国家统计局令第 1 号）明确，计时工资是指按计时工资标准（包括地区生活费补贴）和工作时间支付给个人的劳动报酬；计件工资是指对已做工作按计件单价支付的劳动报酬。

Q4 什么是奖金?

答：《关于工资总额组成的规定》（国家统计局令第 1 号）明确，奖金是指支付给职工的超额劳动报酬和增收节支的劳动报酬。例如：生产奖包括超产奖、质量奖、安全（无事故）奖、考核各项经济指标的综合奖、提前竣工奖、年终奖（劳动分红）；节约奖包括各种动力、燃料、原材料等节约奖；劳动竞赛奖包括发给劳动模范、先进个人的各种奖金；机关、事业单位的奖励工资等。

Q5 什么是津贴和补贴?

答：《关于工资总额组成的规定》（国家统计局令第 1 号）明确，津贴和补贴是指为了补偿职工特殊或额外的劳动消耗和因其他特殊原因支付给职工的津贴，以及为了保证职工工资水平不受物价影响支付给职工的物价补贴和体现企业福利待遇的五项福利性补贴等。一般来说，将生产性质的补偿称作“津贴”，将生活支出方面的补偿称作“补贴”。

Q6 什么是会计年度、考核年度?

答：会计年度，是以年度为单位进行会计核算的时间区间，是反映单位财务状况、核算经营成果的时间界限。我国会计年度自公历 1 月 1 日起至 12 月 31 日止。会计年度是工资总额、非年薪制管理的员工收入等统计所使用的时间界限。

考核年度，是以年度为单位支付相关收入的分配制度所使用的时间区间，因当年度的考核一般在次年初完成，故与此挂钩的薪酬跨年度产生，纳入次年的工资总额统计。执行年薪制的各级企业负责人薪酬标准使用此时间界限核定。

Q7 应发工资与实发工资有什么区别?

答：应发工资，是劳动者在提供了正常劳动情况下，用人单位应当支付给劳动者的工资报酬，应发工资不得低于当地的最低工资标准。

实发工资，是应发工资在做了合理的扣除后（按规定应由劳动者个人缴纳的个人所得税、社会保险费、住房公积金及病事假工资扣除等），实际上发到劳动者手里的工资。做了这些合理扣除后所实发的工资可能低于当地最低工资标准，但这不是不执行最低工资标准。

例如，有的员工反映感觉拿到手的钱没有单位给的收入统计数多。这个问题就涉及“应发工资”和“实发工资”两个概念。各单位收入统计数是“应发工资”，从本单位工资总额列支；员工拿到手的（个人银行卡到账数）是“实发工资”，“实发工资”等于在“应发工资”中减去代扣个人应缴纳各项社保费、代扣个人所得税和其他代扣，如房租水电费等之后的数字，“实发”均小于“应发”。具体可以从图 1-1 所示的工资表来看。

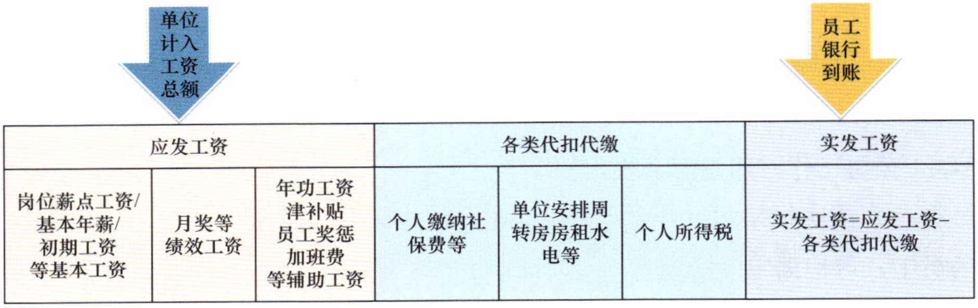

单位计入工资总额　　　　员工银行到账

应发工资			各类代扣代缴			实发工资
岗位薪点工资/基本年薪/初期工资等基本工资	月奖等绩效工资	年功工资 津补贴 员工奖惩 加班费 等辅助工资	个人缴纳社保费等	单位安排周转房房租水电等	个人所得税	实发工资=应发工资−各类代扣代缴

图 1-1　工资表

Q8 什么是最低工资标准？

答：《最低工资规定》（中华人民共和国劳动和社会保障部令第 21 号）明确，最低工资标准是指劳动者在法定工作时间内或依法签订的劳动合同约定的工作时间内提供了正常劳动的前提下，用人单位依法应当支付的最低劳动报酬，其组成不包括加班加点工资、特殊工资环境条件下（中班、夜班、高温、低温、井下、有毒有害等）的津贴，以及法律、法规和国家规定的劳动者福利待遇等。

最低工资标准由各省、自治区、直辖市劳动保障行政部门会同同级工会、企业代表组织研究拟定，报送人力资源和社会保障部备案后，由省级人民政府批准实施，每两年至少调整一次。

Q9 陕西各地最低工资标准包含社保费吗？

答：陕西人力资源和社会保障厅明确，陕西省最低工资包括个人依法缴纳的社会保险费和住房公积金，不包括法律、法规和国家规定的用人单位负担的劳动者社会保险费用、职工住房公积金，以及劳动者的福利费用、劳动保护费用、职工教育费用、用人单位与劳动者解除劳动关系支付的一次性补偿费用等。

Q10 月计薪天数规定及日工资、小时工资如何计算？

答：按照《关于职工全年月平均工作时间和工资折算问题的通知》（劳社部发〔2008〕3 号）规定，月计薪天数为 21.75 天。计算方式如下：

月计薪天数＝（365 天－ 104 天公休日）÷12 月＝ 21.75 天

按照《中华人民共和国劳动法》（中华人民共和国主席令第 24 号）（简称《劳动法》）第五十一条的规定，法定节假日用人单位应当依法支付工资，即折算日工资、小时工资时不剔除国家规定的法定节假日，据此，日工资、小时工资的折算为：

日工资＝月工资收入 ÷ 月计薪天数；

小时工资＝月工资收入 ÷（月计薪天数 ×8 小时）。

这里的月工资收入是指劳动合同规定的月工资标准。

Q11 公司工作时间是怎么规定的？

答：公司实行每日 8 小时，每周 40 小时的标准工时工作制。连续性生产岗位的员工，可根据生产特点，实行轮班制。

因工作性质决定不能实行标准工时制的，经劳动行政部门批准，可以实行不

定时工作制或综合计算工时工作制等其他工作和休息办法。

Q12 什么是“延长工作时间”？

答：延长工作时间，也称加班加点，是指用人单位经过一定程序，要求劳动者超过法律、法规规定的最高限制的日工作时数和周工作天数进行工作。一般分为正常情况下延长工作时间和非正常情况下延长工作时间两种形式。

正常情况下延长工作时间，是指根据《劳动法》第四十一条规定，用人单位由于生产经营需要，经与工会和劳动者协商后可以延长工作时间，一般每日不得超过一小时；因特殊原因需要延长工作时间的，在保障劳动者身体健康的条件下延长工作时间每日不得超过三小时，但是每月不得超过三十六小时。

非正常情况下延长工作时间，是指根据《劳动法》第四十二条规定，遇到下列情况，用人单位延长工作时间可以不受《劳动法》第四十一条规定的限制：

（1）发生自然灾害、事故或者因其他原因，威胁劳动者生命健康和财产安全，需要紧急处理的。

（2）生产设备、交通运输线路、公共设施发生故障，影响生产和公众利益，必须及时抢修的。

（3）法律、行政法规规定的其他情形。

Q13 薪酬管理应遵循哪些基本原则？

答：（1）对外具有竞争性原则，外部竞争性是指与劳动力市场、竞争者对应的薪酬水平和薪酬形式（广义工资，含福利、社保、培训成长等），用于吸引人才。

（2）对内具有公平性原则，内部公平性指企业内部不同岗位、技能、能力之间的薪酬关系，应能支持组织战略实现和工作流程运转。

（3）对员工具有激励性原则，使员工个人行为与组织目标保持一致。

（4）对成本具有控制性原则，薪酬水平的决策对企业成本有重大影响，通过合理控制人工成本，保证企业竞争力。

（5）依法合规性原则，公司的薪酬管理必须符合国家及地方的有关法律和政策，贯彻落实上级单位各项制度和有关规定。

Q14 什么是“三重一大”事项？

答：“三重一大”事项是指涉及企业重大决策、重要人事任免、重大项目安排和大额度资金运作的事项。“三重一大”决策坚持集体决策、科学决策、民主决策、依法决策的原则，充分发挥集体智慧和力量，规范决策行为，提高决策水平，防范决策风险，促进反腐倡廉建设。决策执行过程中，如需对决策内容做重大调整，应当重新按规定履行决策程序。

重大决策事项，是指依照国家法律法规、党内法规和公司规章制度规定，应当由公司党组和其他法人治理主体集体决定的重大事项。

重要人事任免事项，是指公司党组管理的领导人员及其他经营管理人员的职务调整等事项。

重大项目安排事项，是指对公司资产规模、资本结构、盈利能力及电网装备、科技研发、信息技术等产生重要影响的项目的设立和安排事项。

大额度资金运作事项，是指超过公司领导人员有权调动、使用的资金限额的资金调动和使用事项。

Q15 哪些重大薪酬分配事项必须履行的决策和审批程序？

答：按照《国家电网公司工资收入管理办法》[国网（人资/2）508—2014]、《国网陕西省电力公司关于进一步规范薪酬管理工作的通知》（陕电人〔2017〕132号）有关规定，各级单位的工资分配制度、工资调整方案、重大奖励方案等关系职工切身利益的重大分配事项应当通过必要的决策程序、民主程序或审核备案程序后实施。

以下事项须履行公司决策程序、民主程序或审批程序：

（1）公司年度工资总额预算、动用工资结余、公司领导成员年度薪酬方案、中长期激励等方案须上报国网公司审核批复后执行。

（2）公司薪酬管理、工资分配办法和企业负责人薪酬、各单位年度工资总额计划调整方案等，须履行相关决策或民主程序后执行。

以下事项各单位须报公司审批或者核准后执行：

（1）年度工资总额预算方案。

（2）公司党委管理的企业负责人年度薪酬方案。

（3）单位内部工资分配制度建设方案。

各直属单位内部重大薪酬分配事项应履行的决策和审批程序参照（1）、（2）执行。

第二章 工 资 支 付

Q1 工资应当以什么形式支付?

答：按照《劳动法》规定，工资应当以货币形式支付给劳动者本人。

Q2 工资应当什么时间支付?

答：按照《工资支付暂行规定》（劳部发〔1994〕489 号）规定，工资必须在用人单位与劳动者约定的日期支付。如遇节假日或休息日，由应提前在最近的工作日支付。工资至少每月支付一次，实行周、日、小时工资制的可按周、日、小时支付工资。对于完成一次性临时劳动或某项具体工作的劳动者，用人单位应按有关协议或合同规定在其完成劳动任务后即支付工资。劳动关系双方依法解除或终止劳动合同时，用人单位应在解除或终止劳动合同时一次付清劳动者工资。

Q3 什么是非全日制用工，非全日制用工工资如何支付?

答：按照《劳动合同法》规定，非全日制用工是指以小时计酬、劳动者在同一用人单位平均每日工作时间不超过四小时累计每周工作时间不超过二十四小时的用工形式。

从事非全日制工作的劳动者可以与一个或一个以上用人单位订立劳动合同；但是后订立的劳动合同不得影响先订立的劳动合同的履行。非全日制用工双方当事人任何一方都可以随时通知对方终止用工。终止用工，用人单位不向劳动者支付经济补偿。

非全日制用工劳动报酬结算支付周期最长不得超过十五日。

Q4 用人单位可以从劳动者工资中代扣哪些费用?

答：按照《工资支付暂行规定》（劳部发〔1994〕489 号）规定，有下列情况之一的，用人单位可以从劳动者工资中代扣代缴相关费用：

（1）代缴应由劳动者个人缴纳的个人所得税。

（2）代缴应由劳动者个人承担的各项社会保险费用。

（3）法院判决、裁定中要求代扣的抚养费、赡养费。

（4）法律、法规规定可以从劳动者工资中扣除的其他费用。

用人单位还可以从劳动者工资中扣减下列费用：

（1）劳动者赔偿因本人原因造成用人单位经济损失的费用。

（2）用人单位按照依法制定的规章制度对劳动者进行的违纪经济处罚。

Q5 哪些情况不属于用人单位克扣劳动者工资?

答：按照《对＜工资支付暂行规定＞有关问题的补充规定》（劳部发〔1995〕226号），以下五种情况不属于克扣劳动者工资：

（1）国家的法律、法规中有明确规定的。

（2）依法签订的劳动合同中有明确规定的。

（3）用人单位依法制定并经职代会批准的厂规、厂纪中有明确规定的。

（4）企业工资总额与经济效益相联系，经济效益下浮时，工资必须下浮的（但支付给劳动者工资不得低于当地的最低工资标准）。

（5）因劳动者请事假等相应减发工资等。

Q6 哪些情况不属于用人单位无故拖欠劳动者工资?

答：按照《对＜工资支付暂行规定＞有关问题的补充规定》（劳部发〔1995〕226号），以下两种情况不属于无故拖欠劳动者工资：

（1）用人单位遇到非人力所能抗拒的自然灾害、战争等原因，无法按时支付工资。

（2）用人单位确因生产经营困难、资金周转受到影响，在征得本单位工会同意后，可暂时延期支付劳动者工资，延期时间的最长限制可由各省、自治区、直辖市劳动行政部门根据各地情况确定。

Q7 加班工资如何计算?

答：按照《劳动法》规定，有下列情形之一的，用人单位应当按照下列标准支付高于劳动者正常工作时间工资的工资报酬：

（1）用人单位依法安排劳动者在日法定标准工作时间以外延长工作时间的，按照不低于劳动合同规定的劳动者本人小时工资标准的150%支付劳动者工资。

（2）用人单位依法安排劳动者在休息日工作，而又不能安排补休的，按照不低于劳动合同规定的劳动者本人日或小时工资标准的200%支付劳动者工资。

（3）用人单位依法安排劳动者在法定休假节日工作的，按照不低于劳动合同规定的劳动者本人日或小时工资标准的300%支付劳动者工资。

经劳动行政部门批准实行综合计算工时工作制的，其综合计算工作时间超过法定标准工作时间的部分，应视为延长工作时间，并应按《劳动法》规定支付劳动者延长工作时间的工资报酬。

实行不定时工时制度的劳动者，不执行上述规定，可参照《关于贯彻执行中华人民共和国劳动法若干问题的意见》（劳部发〔1995〕309号）相关要求执行。

Q8 陕西省对于实行不定时工作制的劳动者主张加班费，如何认定?

答：按照《陕西省高级人民法院关于审理劳动争议案件若干问题的解答》（陕高法〔2020〕118号），与用人单位约定实行年薪制的企业高级管理人员、高级技术人员，以及其他难以用标准工时衡量工作时间、劳动报酬而与用人单位实行较高年薪制的劳动者，主张用人单位支付加班费的，人民法院不予支持。

未经劳动行政部门审批，但用人单位已按照行业惯例对收发人员、清洁工、水电维修工、锅炉工、保安、门卫、宿管员、运输员、外勤人员等特殊岗位人员实行不定时工作制，劳动者主张按照标准工时计算加班报酬的，人民法院不予支持。但用人单位安排劳动者在法定节假日期间加班，劳动者主张加班费的，人民法院应予支持。

Q9 应按照加班费的支付标准支付值班期间的报酬吗?

答：值班与加班属不同概念。加班，指经用人单位安排，劳动者在法定或约定工作时间以外继续提供劳动的行为。为保障劳动者的休息权和身体健康，《劳动法》严格限制用人单位安排劳动者加班。值班，目前法律法规中未对此进行明确界定，一般是指用人单位因安全、消防、假日等需要，临时安排或者根据制度安排劳动者从事其本职工作之外的工作，或虽为其本职工作，但值班期间可以休息的工作。值班不属于加班，不应按照加班费的支付标准支付值班期间的报酬。《北京市高级法院、北京市劳动争议仲裁委员会关于劳动争议案件法律适用问题研讨会议纪要》第二十二条规定：下列情形中，劳动者要求用人单位支付加班工资的，一般不予支持：

（1）用人单位因安全、消防、假日等需要，安排劳动者从事与本职工作无关的值班任务。

（2）用人单位安排劳动者从事与其本职工作有关的值班任务，但值班期间可以休息的。

Q10 法定休假日有几天？

答：按照《国务院关于修改〈全国年节及纪念日放假办法〉的决定》（国务院令第 644 号），法定休假日共 11 天：

（1）元旦，放假 1 天（1 月 1 日）。

（2）春节，放假 3 天（正月初一至初三）。

（3）清明节，放假 1 天（农历清明当日）。

（4）劳动节，放假 1 天（5 月 1 日）。

（5）端午节，放假 1 天（农历端午当日）。

（6）中秋节，放假 1 天（农历中秋当日）。

（7）国庆节，放假 3 天（10 月 1 日～ 3 日）。

根据 2024 年 11 月《国务院关于修改〈全国年节及纪念日放假办法〉的决定》（国务院令第 795 号），自 2025 年 1 月 1 日起，法定休假日增加 2 天，其中春节、劳动节各增加 1 天，法定休假日共 13 天：

（1）元旦，放假 1 天（1 月 1 日）。

（2）春节，放假 4 天（农历除夕、正月初一至初三）。

（3）清明节，放假 1 天（农历清明当日）。

（4）劳动节，放假 2 天（5 月 1 日、2 日）。

（5）端午节，放假 1 天（农历端午当日）。

（6）中秋节，放假 1 天（农历中秋当日）。

（7）国庆节，放假 3 天（10 月 1 日～ 3 日）。

Q11 部分公民放假的节假日有哪些，应休未休有补贴吗？

答：部分公民放假的节日及纪念日主要有：

（1）妇女节，3 月 8 日，妇女放假半天。

（2）青年节，5 月 4 日，14 周岁以上的青年放假半天。

如果这些节日遇到休息日，不需要补休和额外支付工资；如果公司在这些节日不安排放假，不需要支付加班费，但员工可以自行休假。

Q12 除法定公休日和休假日外，员工还可享受哪些休假？

答：公司员工依法享有年休假、病假（疾病或非因工医疗期）、工伤假（停工留薪期）、探亲假、婚假、丧假、产假、护理假、育儿假、独生子女陪

护假等。准假权限、休假期间薪酬发放标准及程序按公司及用人单位有关规定执行。

Q13 带薪年休假怎么休，应休未休有补贴吗？

答：按照《国家电网有限公司职工带薪年休假管理办法》（国家电网企管〔2019〕428 号）规定，年休假及应休未休待遇规定如下：

1．享受年休假的人员范围

连续工作满 1 年以上的在岗职工，均可享受年休假。

2．当年年休假天数标准及实际天数计算

累计工作满 1 年不满 10 年的，年休假 5 天；累计工作满 10 年不满 20 年的，年休假 10 天；累计工作满 20 年的，年休假 15 天。职工累计工作时间依照国家法律法规确定。高海拔地区单位，当地省级人民政府对年休假天数另有规定的，从其规定。国家法定节假日、休息日，职工依法享受的探亲假、婚丧假、产假，以及因工伤停工留薪期间不计入年休假天数。

其中：累计工作时间。包括职工在机关、团体、企业、事业单位、民办非企业单位、有雇工的个体工商户等单位从事全日制工作期间，以及依法服兵役和其他按照国家法律、行政法规和国务院规定可以计算为工龄的期间（视同工作期间）。

（1）公司各级单位当年调入或录用且符合当年年休假天数标准的职工，其当年在本单位享受的年休假天数，按照在本单位工作日历天数折算确定，折算后不足 1 整天的不再享受。

折算方法为：（当年度在本单位工作日历天数 ÷365 天）× 职工本人全年应当享受的年休假天数。

当年在原单位已安排过年休假的，剩余未休假天数小于折算天数的，按剩余未休假天数休假；剩余未休假天数大于或等于折算天数的，按折算天数休假。

（2）有下列情况之一者，当年不享受年休假：

1）依法享受寒暑假的职工，寒暑假天数多于年休假天数的。

2）公司选派到驻外机构长期连续工作的驻外人员，带薪休假天数多于年休假天数的。

3）职工请事假累计 20 天以上且单位按照规定不扣工资的。

4）累计工作满1年不满10年的职工，请病假累计2个月以上的；累计工作满10年不满20年的职工，请病假累计3个月以上的；累计工作满20年以上的职工，请病假累计4个月以上的。

5）当年离岗脱产学习累计6个月以上的。

职工当年已享受本条第1、2款情形，但休假天数少于其应休年休假天数的，单位应当安排补足年休假天数。

职工已享受当年年休假，年度内又出现本条第3、4、5款情形的，不享受下一年度的年休假。

3．年休假安排

年休假原则上应在当年一次性安排，确属工作需要的，可以分段安排，但不跨年度安排。

4．年休假期间待遇

职工在年休假期间享受与正常工作期间相同的工资与福利待遇。

5．应休未休年休假补贴计算

（1）对符合年休假条件的职工，确因工作需要，当年未能休假或未能休满应休年休假天数者，单位应支付其应休未休年休假补贴。

应休未休年休假补贴按照该职工日工资收入的200%支付。日工资收入按照职工本人的月工资收入除以月计薪天数（21.75天）进行折算。月工资收入是指职工在用人单位支付其应休未休年休假补贴前12个月剔除加班工资后的平均月工资收入。在本单位工作时间不满12个月的，按实际月份计算平均月工资收入。

（2）单位与职工解除或终止劳动合同时，当年度未安排职工休满应休年休假天数的，应按照职工当年已工作时间折算应休未休年休假天数并支付应休未休年休假补贴，但折算后不足1整天的不再支付。

折算方法为：（当年度在本单位已过日历天数 ÷365天）× 职工本人全年应当享受的年休假天数－当年度已安排年休假天数。

单位当年度已安排职工年休假的，多于折算应休年休假的天数不再扣回。

（3）按照《国网陕西省电力公司关于进一步规范职工带薪年休假管理的通知》（陕电人〔2017〕144号），因工作原因经审批未休假的职工年休假请假单，作为未休年休假补贴发放的依据。

（4）应休未休年休假补贴由各级单位在年底前统一核算支付。

Q14 婚丧假怎么休，影响工资吗？

答：

1．婚假及其工资待遇

按照《陕西省人口与计划生育条例》（2022 年修订）及条例实施相关问题指导意见规定，陕西省的婚假政策主要包括以下几个方面：

（1）法定婚假。依法办理结婚登记的夫妻，在结婚登记后均可享受国家规定的婚假天数（3 天）。

（2）婚前医学检查假。依法办理结婚登记的夫妻，在结婚登记前参加婚前医学检查的，在国家规定婚假的基础上增加假期 10 天。

（3）婚假不包括公休日和国家法定假日，应在结婚登记日起一年内休完，未休完的过期不予补假。

（4）再婚夫妻同样享受《陕西省人口与计划生育条例》规定的婚假待遇。

（5）职工在婚假期间按出勤对待，享受相应的工资、福利待遇。

2．丧假及其待遇的其他规定

（1）《陕西省电力公司员工考勤管理办法》的通知（陕电人〔2012〕138 号）明确，员工的直系亲属（父母、配偶、子女）及岳父母或公婆身故的，可给予 3 天的丧假；其他亲属身故的，可给予 1 天的丧假。

（2）按照《关于国营企业职工请婚丧假和路程假问题的通知》（国家劳动总局财政部〔80〕军总薪字 29 号、〔80〕财企字 41 号）规定，丧假包括公休日和法定节假日，丧假应在直系亲属身故之日起五日内休完，未休完的过期不予补假。

（3）职工在丧假期间按出勤对待，享受相应的工资、福利待遇。

Q15 产假、护理假、哺乳假、育儿假怎么休？

答：

1．产假

（1）按照《女职工劳动保护特别规定》（中华人民共和国国务院令　第 619 号）规定，女职工正常生育享受 98 天产假，其中产前可以休假 15 天；难产或者实施剖宫产手术分娩的，增加产假 15 天；生育多胞胎的，每多生育 1 个婴儿，增加产假

15 天。

女员工怀孕未满 4 个月流产的，享受 15 天产假；怀孕满 4 个月流产的享受 42 天产假。

（2）按照《陕西省人口与计划生育条例》（2022 年修订），职工符合政策生育子女的，在国家规定产假的基础上增加产假 60 天；女职工参加孕前检查的，在国家规定产假的基础上增加产假 10 天。

（3）女职工生育三孩的，在前款规定的产假基础上增加产假 15 天。

（4）产假包括公休日和法定节假日，但不含其工作所在行业或者系统内部规定的假期。

（5）产假和延长假一次性休完，原则上不拆分。

2．护理假

（1）职工符合政策生育子女的，给予男方护理假 15 天，夫妻异地居住的给予男方护理假 20 天；女员工生育三孩的，男方增加护理假 10 天。

（2）夫妻一方接受节育手术期间，经施术单位证明，确需另一方护理的，给予 5 天护理假。

（3）护理假在配偶休产假期间累计计算。

（4）护理假不含公休日和国家法定假日。

（5）护理假期间按出勤对待。

3．哺乳假

（1）女职工生育孩子满一周岁前，所在单位应当严格按照国家和本省女职工劳动保护有关规定保证哺乳时间并提供哺乳条件。所在单位确因特殊情况无法保证哺乳时间并提供哺乳条件的，经单位与本人协商，可以给予 3 个月至 6 个月的哺乳假。

（2）哺乳假期间按出勤对待。

4．育儿假

（1）符合政策生育或依法收养子女的，在子女三周岁以内，每年给予父母双方各累计十天育儿假。

（2）育儿假以周岁为单位累计计算，不折算。

（3）育儿假不含公休日和国家法定假日。

（4）育儿假期间按出勤对待。

Q16 独生子女陪护假怎么休？

答：（1）在国家提倡一对夫妻生育一个子女期间的独生子女家庭，独生子女父母单方年满六十周岁的，给予其子女每年累计不低于十五天的陪护假。

（2）陪护假以周岁为单位累计计算，不折算。

（3）陪护假不含公休日和国家法定假日。

（4）陪护假期间按出勤对待。

Q17 女职工休产假期间工资如何发放？

答：陕西公司从 2018 年 1 月起参加生育保险，依据《西安市人力资源和社会保障局关于将生育津贴纳入生育保险支付范围有关问题的通知》（市人社发〔2018〕15 号）和《西安市关于开展西安市生育津贴发放工作相关问题的通知》（市社保发〔2018〕34 号）等文件规定，参加西安市生育保险的女职工休产假时，按国家规定的产假天数享受生育津贴，职工已享受生育津贴的，视同用人单位已经支付相应数额的工资。

Q18 生育津贴应该如何支付？

答：西安市人社发〔2018〕15 号文件规定生育津贴须一次性支付给职工。生育保险经办机构拨付的生育津贴不足以支付本人工资的，差额部分由用人单位发放；生育津贴高于职工原工资标准的，用人单位应当将生育津贴余额支付给职工。

Q19 女职工产假期间由用人单位垫付的工资在生育津贴拨付后应如何冲抵？

答：生育保险经办机构拨付生育津贴的时间滞后于职工产假，用人单位在职工产假期间工资已从工资总额中垫付的，生育津贴转入前，用人单位按照本单位薪酬管理相关规定和发放节奏垫付的，对垫付金额应逐人逐笔单独记账。生育津贴转入后，生育津贴一次性支付给该名职工，并按月在绩效工资中逐步冲抵生育津贴转入前垫付工资。垫付金额高于生育津贴的，冲抵数额达到生育津贴后停止冲抵；垫付金额低于生育津贴的，冲抵数额达到垫付金额后停止冲抵。

Q20 探亲假怎么休，影响工资吗？

答：在公司系统连续工作满 1 年，且员工与父母双方均不在同一省内居住，或者与配偶不在同一城市内居住，且又不能在公休假日团聚的（指不能利用公休假日在家居住一夜和休息半个白天），可请休探望父母或配偶（需提供对方单位开具的夫妻两地分居证明）的探亲假。休探亲假期间视同其正常劳动，并按公司工资支付有关规定支付相应工资。

（1）探望配偶的，每年可给予一方30天探亲假；探望父母的，未婚员工每年可享受20天探亲假，如因工作需要，当年不能安排假期，或员工自愿两年探亲一次，可以两年给假一次，假期为45天；已婚员工自登记结婚的次年起每4年可享受20天探望父母的假期。

（2）符合上述探亲条件的，配偶与员工父亲或母亲在同一省内居住的，每年只能享受30天的探亲假。

（3）探亲假包括公休日和法定节假日，应于当年12月底前休完。

Q21 路程假怎么休，影响工资吗?

答：员工休婚假因配偶在异地工作而需到外地结婚、休丧假因身故的直系亲属在外地而需到外地奔丧，以及休探亲假等，可根据路程远近和工作安排，给予1～2天的路程假。路程假包括公休日和法定节假日。视同其正常劳动，并按公司工资支付有关规定支付相应工资。

Q22 病假影响多少工资?

答：医疗期（病假）是指企业员工因患病或非因工负伤停止工作治病休息不得解除劳动合同的时限。员工非因工致残和经医疗机构认定患有难以治疗的疾病，在医疗期内医疗终结的，如不能从事原工作，也不能从事单位另行安排的工作，应当进行劳动能力鉴定，被鉴定为一至四级的，应当退出劳动岗位，终止劳动关系，办理退休、退职手续，享受退休、退职待遇；被鉴定为五至十级的，医疗期内不得解除劳动合同。

（1）员工因工伤产生的医疗期适用《工伤保险条例》的规定。员工因工负伤、患职业病待遇仍按国家规定的劳动保险待遇执行，但对经劳动鉴定委员会确认其伤、病治疗可以试、复工或从事轻工作而拒不服从者，应视其情节轻重给予处理。

（2）员工因患病或非因工负伤停止工作，医疗期限和病假期间工资根据本人实际工作年限（连续工龄）和本企业单位工作年限，按其基本工资比例计发，具体规定如表2-1所示。

表 2-1　　病假期间基本工资计发比例标准表

实际工作年限	本企业年限	医疗期	计发比例
10 年以下	5 年以下	3 个月	70%
10 年以下	5 年以上	6 个月	75%
10 年及以上	5 年以下	6 个月	75%
10 年及以上	5 年及以上 10 年以下	9 个月	80%
10 年及以上	10 年及以上 15 年以下	12 个月	85%
10 年及以上	15 年及以上 20 年以下	18 个月	90%
10 年及以上	20 年及以上 30 年以下	24 个月	95%
10 年及以上	30 年以上	一般 24 个月 符合劳部发〔1995〕236 号文件关于特殊疾病医疗期问题之规定："对某些特殊疾病（如癌症、精神病、瘫痪等）的职工，在 24 个月内尚不能痊愈的，经企业和劳动主管部门批准，可适当延长医疗期。"	100%

（3）以上标准支付的总收入低于所在地区最低工资标准的按最低工资标准支付。

（4）病假期间奖金发放按各单位奖金管理有关规定执行。新进人员在试用期、熟练期因病休假连续一个月以上的，其相应期限时间应延长。

（5）医疗期计算应从病休第一天开始，累计计算，在规定时间内不可以重复享受。按照《企业职工患病或非因工负伤医疗期规定》（劳部发〔1994〕479 号）规定，医疗期 3 个月的，按 6 个月内累计病休时间计算；6 个月的，按 12 个月内累计病休时间计算；9 个月的，按 15 个月内累计病休时间计算；12 个月的，按 18 个月内累计病休时间计算；18 个月的，按 24 个月内累计病休时间计算；24 个月的，按 30 个月内累计病休时间计算。医疗期包括公休日和法定节假日。

Q23 事假影响多少工资?

答：事假指员工因私事必须本人办理的可以请事假，员工在事假期间不计发工资（备注：事假扣工资与员工工作年限等其他因素无关，仅与本人月基本工资和事假天数有关）。事假不包括公休日和法定节假日。

Q24 参加单位组织妇女节活动扣工资吗?

答：法定节假日之外的妇女节、青年节、少数民族传统节日，单位安排员工休息或参加节日活动的，应视其正常劳动支付工资。

Q25 收到地方政府或有关部门发放的现金奖励能否直接分给员工个人?

答：各单位在收到地方政府或有关部门发放的现金奖励后，应作为营业外收入入账，收集相关奖励文件、入账财务凭证及附件，报请公司审核并纳入工资总额专项核定后，各单位进行分配。各级企业负责人不得擅自领取地方政府或有关部门发放的现金奖励，需按要求收集相关奖励文件等材料，报请上级单位审核并纳入年薪核定。

Q26 参加公司统一组织选派的驻村帮扶人员和国网公司东西人才帮扶会影响原来的薪酬待遇吗?

答：参加公司统一组织选派的驻村帮扶人员和国网公司东西人才帮扶人员（简称帮扶人员）派援期间，在原单位的工资、保险、福利等待遇不变，其绩效表现由受援单位考核，结果通知派援单位。其中驻村帮扶人员的月度绩效工资按派出单位同层级岗位平均标准水平发放，年度绩效工资按年度考核结果发放。

同时，公司给予生活补助、通信补贴、一次性防寒装备、节假日慰问，期满给予帮扶人员流动积分等待遇。

Q27 帮扶人员生活补助费标准是什么?

答：生活补助费是国网公司、公司对选派赴艰苦边远地区的挂职干部、定员帮扶人员等，在保留原工资待遇基础上增发的工资项目，标准按照地方政策相关规定或国网公司、公司内部人力资源市场相关制度执行。

（1）国网公司选派东西人才帮扶人员在帮扶期间享受生活补助费，按照《国网人资部关于规范派援艰苦边远地区人员薪酬待遇的通知》（人资薪〔2014〕61 号）、《国家电网公司关于进一步加强支援西藏工作的意见》（国家电网发展〔2016〕1066 号）等文件规定，由派出单位发放，从工资总额列支。由国网蒙东、甘肃、青海、新疆、西藏电力等受援单位人资部根据帮扶人员的岗位层次和受援单位上年度同级同类人员平均工资、受援单位地区类别计核月度生活补助费金额，国网公司东西帮扶办复审后通知相关派援单位发放；除《国网人资部关于规范派援艰苦边远地区人员薪酬待遇的通知》（人资薪〔2014〕61 号）规定的休假外，请病假、事假离开受援单位的，请假期间不享受生活补助费（即按请假工作日天数除以每月工作日平均天数相应扣减）。

（2）公司派驻扶贫人员生活补助费，按照《国网陕西省电力公司关于落实派

驻扶贫人员激励保障措施的意见》（陕电人〔2018〕100 号）要求，派驻扶贫人员在扶贫工作期间享受生活补助费，由派出单位发放，从工资总额列支。生活补助费由按月发放的生活补助和年度考核后生活补助构成。请病假、事假离开扶贫单位期间不享受生活补助费（即按请病事假中工作日天数除以每月工作日平均天数扣减相应生活补助费）。

1）按月发放的生活补助：在本地市范围内驻村扶贫人员每人每天 40 元，跨地市范围驻村扶贫人员每人每天 60 元。所在地标准高于公司规定的，执行属地标准，属地文件报公司备案。

2）年度考核后发放的生活补助：公司安排的跨地市范围驻村扶贫人员每人每月 1200 元标准，依据扶贫单位或当地扶贫工作领导小组反馈考核结果发放。考核结果为“优秀”的，按照月标准 × 驻村月数 ×1.2 发放；考核结果为“优良”的，按照月标准 × 驻村月数 ×1.1 发放；考核结果为“合格”的，按照月标准 × 驻村月数 ×1.0 发放；考核结果为“不合格”的，不予发放。具体发放标准如表 2-2 所示。

表 2-2　生活补助核发计算标准

考核结果	核发计算标准
优秀	月标准 × 驻村月数 ×1.2
优良	月标准 × 驻村月数 ×1.1
合格	月标准 × 驻村月数 ×1.0
不合格	不予发放

3）兼职扶贫人员生活补助费：参照专职扶贫人员的日均标准，根据实际在扶贫单位工作天数按月发放。

（3）公司选派西安电网攻坚建设和榆林电网补强工程建设跨单位专项帮扶人员，按照《国网陕西省电力有限公司关于举全公司之力支持西安电网攻坚建设和榆林电网补强工程建设专项人才帮扶工作的通知》（国网陕电人资〔2021〕38 号）要求，在帮扶期间享受生活补贴，由派援单位发放，从工资总额列支，其中：到榆林帮扶人员生活补贴标准每人每月 3000 元，到西安帮扶人员生活补贴标准每人每月 1500 元。

（4）公司选派赴陕西送变电公司电网攻坚建设跨单位专项帮扶人员，按照《国网陕西省电力有限公司关于开展陕西送变电公司专项人才帮扶工作的通知》

（国网陕电人资〔2024〕52 号）要求，在帮扶期间享受生活补贴，由派援单位发放，从工资总额列支，帮扶人员生活补贴标准每人每月 1500 元。

Q28 帮扶人员可以享受通信、交通补贴吗？

答：（1）对于派驻扶贫人员，驻村扶贫期间，派出单位按月增发通信补贴，从工资总额列支。本地市范围内派驻扶贫人员每月增发 50 元通信补贴，跨地市范围派驻扶贫人员每月增发 200 元通信补贴。

（2）对于西安电网攻坚建设和榆林电网补强工程建设跨单位帮扶人员，帮扶期间，派援单位按月增发交通补贴、通信补贴。其中，交通补贴标准为每人每月 300 元，通信补贴标准为每人每月 200 元。

（3）公司选派赴陕西送变电公司电网攻坚建设跨单位专项帮扶人员，帮扶期间，派援单位按月增发交通补贴、通信补贴。其中，交通补贴标准为每人每月 300 元，通信补贴标准为每人每月 200 元。

Q29 帮扶人员一次性防寒装备费是什么标准？

答：（1）专职驻村帮扶人员，严寒季节仍在异地驻村帮扶且在异地连续工作 3 个月以上的，可由派出单位发放一次性防寒装备费，从劳动保护费列支。驻村帮扶期限一年以上的，标准为一类区 3000 元、二类区 4000 元；驻村帮扶期限不足一年的，按照实际驻村帮扶月数除以 12 进行折算。地区类别按照《关于艰苦边远地区范围和类别的规定》（国人部发〔2006〕61 号）确定，受援单位所在地区没有在其中的，按照就近套入的原则确定地区类别。

（2）国网公司东西人才帮扶人员，严寒季节仍在援助岗位工作且派援期限三个月以上的人员，由派援单位发给一次性防寒装备费，从劳动保护费列支。派援期限一年以上的，标准为西藏一类藏区 7000 元、二类藏区 8000 元、三类藏区 9000 元、四类藏区 10000 元，其他艰苦边远地区一类区 3000 元、二类区 4000 元、三类区 5000 元、四类区 6000 元、五类区 7000 元、六类区 8000 元；派援期限不足一年的，按照实际派援月数除以 12 进行折算。

Q30 帮扶人员节假日慰问费从哪列支？

答：节假日慰问费从工会经费列支，要在节假日期间以慰问品方式慰问帮扶人员。标准分别如下：

（1）专职驻村帮扶人员，由国网公司统一组织派驻的每人每年 5000 元、省公

司统一组织的每人每年 3000 元、各单位统一组织的每人每年 1500 元，其中国网公司和省公司统一组织的人员由公司工会安排慰问，其他人员由派出单位安排慰问。

（2）国网公司东西人才帮扶人员，由国网公司统一组织选派的每人每年 5000 元、各单位自行组织选派的每人每年 3000 元。国网公司统一组织选派藏区的人员由援藏办安排慰问，其他人员由派援单位安排慰问。

Q31 帮扶人员是否可以享受带薪假期?

答：帮扶人员可以享受年休假，其中国网公司东西人才帮扶人员到受援单位帮扶的次年，还可按国家探亲政策的有关规定享受探亲假，探亲期间不享受生活补助费。

Q32 非本人原因公安机关传唤或到公安机关申述时工资该如何计发?

答：按照《陕西省电力公司工资支付管理暂行办法》（陕电人字〔2000〕71 号）规定，员工非本人原因公安机关传唤或到公安机关申述时，工资分别按以下情况处理：

（1）因家属或被监护人违反法律法规被传唤时，缺勤期间工资按事假处理。

（2）因他人违反法律法规受到损害而到公安机关申述时，其缺勤期间工资按事假处理。

（3）因公安司法机关要求对他人违反法律法规做证人的，其缺勤期间工资照发。

Q33 考核降岗工资该如何发放?

答：按照《国家电网有限公司员工退出管理规定》（国网（人资 /4）839—2022）规定，考核降岗是指根据员工工作胜任能力和绩效考评结果，将员工调整至较低岗级岗位或现岗位降低岗级使用的情形。出现应降岗情形后，原则上应于次月起予以降岗。各单位可结合实际具体确定降岗等级，原则上降岗等级应不低于 1 个岗级，降岗时间不低于 1 年。降岗后年度绩效等级达到 B 及以上的，方可在履行本单位决策程序后，恢复原岗级或调整至不高于降岗前岗级的岗位。

Q34 转协理工资待遇如何执行?

答：按照《国家电网有限公司员工退出管理规定》（国网（人资 /4）839—2022）规定，协理工资待遇按照职务级别应形成合理的收入结构，标准与同级别现职领导人员要适当拉开差距。三级正、副职提前（指距退休年龄 2 年内提前距退休年龄 3 年内）转任一级、二级协理的，收入应进一步下浮。

Q35 不在岗人员及其工资如何支付?

答：依据《国网陕西省电力有限公司关于巩固深化长期不在岗人员清理规范长效机制的通知》（陕电人资〔2023〕30号）规定，不在岗人员主要包括长病、长学、停薪留职、外借、内退、待岗及其他长期脱岗等七类。

1．长病人员

（1）定义与范围。长病人员指因患病或非因公负伤需要停止工作去医疗，连续休假六个月及以上的人员。

（2）相关要求。请长病假应按公司规定，提供相应级别医疗机构的诊断证明及病休医嘱，履行审批程序。销假时须提供相关医疗机构开具的相应诊疗记录、病历、医嘱、发票等资料。病假期工资待遇按《陕西省电力公司员工考勤管理办法》（陕电人〔2012〕138号）规定执行。

各单位要严格执行国家关于医疗期的相关规定，对于长期泡病假、小病大养、名为长病实际在外工作或自谋职业、病假期满等人员，通知其限期返岗工作或依法依规解除劳动合同；对于劳动者患病或者非因工负伤，医疗期满后，不能从事原工作也不能从事由用人单位另行安排的工作的，提前30日以书面形式通知劳动者本人，可解除劳动合同。

2．长学人员

（1）定义与范围。长学人员指参加全日制学历教育或出国留学人员。

（2）相关要求。按照国网公司内部市场员工退出管理通用制度要求，严禁新增长学人员，本人坚持脱产学习的，用人单位应依法依规解除劳动合同。

3．停薪留职人员

（1）定义与范围。停薪留职人员指根据国家20世纪80年代初制定的政策办理停薪留职人员，停薪留职时间一般不超过两年。

（2）相关要求。按照国网公司内部市场员工退出管理通用制度要求，严禁新增停薪留职人员。

4．外借人员

（1）定义与范围。外借人员指与原单位保留劳动关系和社会保险关系，到政府部门、事业单位或公司系统外其他企业工作（不含公司主办的集体企业）的人员，或超出借用审批期限仍滞留在公司系统其他借用单位的人员。

（2）相关要求。按照国网公司内部市场人员借用管理通用制度要求，借用到系统外单位需严格履行审批手续。未经各级人力资源部门批准，不得进行人员借用。各单位应对各种违规、超期借用人员进行清理规范，限期返回原单位或原岗位。

经相关人力资源部门审批，在规定借用期间，外借人员的人事、工资等关系维持不变，原单位职务、岗位等予以保留，薪酬由借出和借用单位双方协商确定。

5. 内退人员

（1）定义与范围。内退人员一般指符合1993年国务院颁布《国有企业富余职工安置规定》第九条规定的情形，即距退休年龄不到五年的，经本人申请，企业领导批准，退出工作岗位休养；或按照公司系统各单位原内部退养相关文件规定，经本人申请、企业领导批准，退出工作岗位休养的人员。

（2）相关要求。对符合国家或本单位原规定办理的现有内退人员，按照内部市场通用制度要求，维持现有管理模式不变，待遇标准继续按原规定和内部退养协议执行。

对政策依据不充分、办理程序不规范、审批手续不齐全，以及内退时间不符合国家或本单位原规定的人员进行清理规范，通知其限期返回单位参加转岗培训并经考核合格后重新上岗，在规定期限内未返回单位的依法依规解除劳动合同。

严禁违规新增内部退养人员。

6. 待岗人员

（1）定义与范围。待岗人员指连续2个年度绩效等级为D的，或因改革改制、机构或岗位调整等原因退出原工作岗位的，或不参加岗位竞聘且不服从组织安排的，以及公司规章制度规定其他符合待岗条件的人员。

（2）相关要求。出现应待岗情形后，原则上应于次月起待岗。待岗期不低于3个月，不超过1年。待岗人员待岗满3个月，即可参加考试考核，合格后可通过组织调配或岗位竞聘等方式重新上岗，所上岗位岗级不高于待岗前岗级。考试考核不合格的，继续参加待岗培训，最长不超过1年。

员工待岗期间的工资执行当地月最低工资标准（扣除保险后）。

待岗员工待岗期内未按单位规定参加待岗学习培训，或待岗期满学习培训考试不合格的，或待岗学习培训考试合格重新上岗后当年绩效等级仍为D的，均应解除劳动合同。

各单位应严格按照规定实行待岗人员管理，严禁长期待岗或名为待岗实为停薪留职、长病、长学等其他人员。

7. 其他长期脱岗人员

（1）定义与范围。其他长期脱岗人员指与原单位保留劳动关系，未办理请假手续长期不在岗人员，或请假期满后无故拖延、长时间未返岗上班人员，或已经失踪、死亡但用人单位尚不知情的，以及被依法限制人身自由不能上班的等情况。

（2）相关要求。请事假应按照公司规定，凡未按规定办理请假手续或请假未经批准而擅自离岗者，视为旷工。按照国网公司内部市场员工退出管理通用制度要求，连续旷工 15 日及以上的，或 1 年内累计旷工 30 日及以上的，应解除劳动合同。

员工死亡，或者被人民法院宣告死亡的，或宣告失踪的，劳动合同终止。按照国网公司劳动合同管理办法规定，员工失踪或下落不明且尚未被人民法院宣告失踪的，或涉嫌违法犯罪被有关机关收容、留置、拘留或逮捕等被限制人身自由的，或涉嫌严重违纪接受有关部门调查而中断工作的，或依法离岗履行国家规定的其他义务的，用人单位可与其终止劳动合同，出现应解除和终止劳动合同情形的，按公司员工退出管理规定相关程序办理。

对于其他长期脱岗人员，具体由各单位针对不同情况，逐一核查清楚并依法依规进行清理规范，责任到人。

Q36 中止劳动合同后工资待遇如何执行？

答：劳动合同中止是指劳动合同存续期间，由于某些因素导致劳动关系主体双方主要权利义务在一定时期内暂时停止履行。中止劳动合同的情形包括员工失踪或下落不明且尚未被人民法院宣告失踪的；涉嫌违法犯罪被有关机关收容、留置、扣留或逮捕等被限制人身自由的；涉嫌严重违纪接受有关部门调查而中断工作的；国家法律规定的其他情形。

按照《国家电网有限公司劳动合同管理办法》（国家电网人资〔2018〕720 号）规定：

劳动合同中止期间，用人单位暂停履行劳动合同规定的相应义务，包括劳动报酬、福利待遇、休息休假等。对建立企业补充医疗保险、企业年金的用人单位，还应一并中止相应待遇。劳动合同中止期间，社会保险、住房公积金关系随之中断，统筹地区政策另有规定的，从其规定。

员工依法离岗履行国家规定的其他义务、经证明被错误限制人身自由或未被依法追究刑事责任，自期满或解除强制措施之日起，员工应在一个月内与用人单位办理相关手续，恢复劳动合同的正常履行。出现解除和终止劳动合同情形的，按公司员工退出管理规定相关程序办理。

Q37 解除或终止劳动合同过程中及其后，用人单位履行哪些义务？

答：（1）用人单位应在解除或终止劳动合同时出具解除或终止劳动合同证明，并在 15 日内为员工办理档案和社会保险关系等转移手续。

（2）用人单位应在解除或终止劳动合同时一次付清劳动者工资。

（3）用人单位依法应向劳动者支付经济补偿的，应当在劳动者按照约定与用人单位办结工作交接时支付；用人单位违法解除或者终止劳动合同，劳动者不要求继续履行劳动合同或者劳动合同无法履行的，用人单位应当向劳动者支付赔偿金。

（4）经工伤职工本人提出，该职工可以与用人单位解除或终止劳动关系，由工伤保险基金支付一次性工伤医疗补助金，由用人单位支付一次性伤残就业补助金。

（5）劳动者患病或非因工负伤，经劳动鉴定委员会确认不能从事原工作，也不能从事用人单位另行安排的工作而解除劳动合同的，用人单位除按照其在本单位的工作年限发放经济补偿金，同时还应当发放医疗补助金，患重病者和绝症的劳动者还应增加医疗补助费。

（6）对负有保密义务的劳动者，用人单位可以在劳动合同或者保密协议中与劳动者约定竞业限制条款，并约定在解除或终止劳动合同后，在竞业限制期限内（不得超过两年）按月给予劳动者经济补偿。

（7）劳动者符合退休条件终止劳动合同的，用人单位应当为其办理退休手续。

（8）用人单位对已解除或者终止劳动合同的文本，至少需要保存两年备查，其中对退出公司系统单位涉及解除或者终止劳动合同的文本，以及员工辞职申请书等相关材料应永久存。

Q38 用人单位依法支付的经济补偿金、赔偿金是在工资总额中列支吗？

答：员工离职已不是“任职或者受雇”人员，经济补偿金、赔偿金不属于工资薪金支出的范围，不得在工资总额中列支。

Q39 三至五级领导人员退休后能兼职取酬吗？

答：三至五级正（副职）人员退休后到企业兼职（任职的），不得在企业领取薪酬、奖金、津贴等报酬。关于院士、外部董事等管理有相关规定的从其规定。

Q40 哪些个人所得应当缴纳个人所得税？

答：依据《中华人民共和国个人所得税法》（主席令第 48 号）及《中华人民共和国个人所得税法实施条例》（国务院令第 707 号）等，主要包括以下项目：

1．工资、薪金所得

指个人因任职或者受雇取得的工资、薪金、奖金、年终加薪、劳动分红、津贴、补贴，以及与任职或者受雇有关的其他所得。

2．劳务报酬所得

指个人从事劳务取得的所得，包括从事设计、装潢、安装、制图、化验、测试、医疗、法律、会计、咨询、讲学、翻译、审稿、书画、雕刻、影视、录音、录像、演出、表演、广告、展览、技术服务、介绍服务、经纪服务、代办服务及其他劳务取得的所得。

3．稿酬所得

个人因其作品以图书、报刊等形式出版、发表而取得的所得。

4．特许权使用费所得

个人提供专利权、商标权、著作权、非专利技术及其他特许权的使用权取得的所得；提供著作权的使用权取得的所得，不包括稿酬所得。

5．经营所得

（1）个体工商户从事生产、经营活动取得的所得，个人独资企业投资人、合伙企业的个人合伙人来源于境内注册的个人独资企业、合伙企业生产、经营的所得。

（2）个人依法从事办学、医疗、咨询及其他有偿服务活动取得的所得。

（3）个人对企业、事业单位承包经营、承租经营，以及转包、转租取得的所得。

（4）个人从事其他生产、经营活动取得的所得。

6．利息、股息、红利所得

个人拥有债权、股权等而取得的利息、股息、红利所得。

7. 财产租赁所得

个人出租不动产、机器设备、车船及其他财产取得的所得。

8. 财产转让所得

个人转让有价证券、股权、合伙企业中的财产份额、不动产、机器设备、车船及其他财产取得的所得。

9. 偶然所得

个人得奖、中奖、中彩及其他偶然性质的所得。

Q41 哪些个人所得可以免征个人所得税?

答：依据《中华人民共和国个人所得税法》（主席令第 48 号）及《中华人民共和国个人所得税法实施条例》（国务院令第 707 号）等，主要包括以下项目：

（1）省级人民政府、国务院部委和中国人民解放军军以上单位，以及外国组织、国际组织颁发的科学、教育、技术、文化、卫生、体育、环境保护等方面的奖金。

（2）国债利息和国家发行的金融债券利息。国债利息，是指个人持有中华人民共和国财政部发行的债券而取得的利息；国家发行的金融债券利息，是指个人持有经国务院批准发行的金融债券而取得的利息。

（3）按照国家统一规定发给的补贴、津贴。是指按照国务院规定发给的政府特殊津贴、院士津贴，以及国务院规定免予缴纳个人所得税的其他补贴、津贴。

（4）福利费、抚恤金、救济金。福利费，是指根据国家有关规定，从企业、事业单位、国家机关、社会组织提留的福利费或者工会经费中支付给个人的生活补助费；救济金，是指各级人民政府民政部门支付给个人的生活困难补助费。

（5）保险赔款。

（6）军人的转业费、复员费、退役金。

（7）按照国家统一规定发给干部、职工的安家费、退职费、退休工资、离休工资、离休生活补助费等。

（8）依照有关法规规定应予免税的各国驻华使馆、领事馆的外交代表、领事官员和其他人员所得。

（9）中国政府参加的国际公约、签订的协议中规定的免税所得。

（10）国务院规定的其他免税所得。

Q42 个人所得税专项附加扣除是什么？

答：按照《国务院关于印发个人所得税专项附加扣除暂行办法的通知》（国发〔2018〕41号）和《关于提高个人所得税有关专项附加扣除标准的通知》（国发〔2023〕13号）规定，个人所得税专项附加扣除，是指个人所得税法规定的子女教育、继续教育、大病医疗、住房贷款利息或者住房租金、赡养老人等7项缴纳个人所得税前可以扣除的专项附加扣除项目。国家根据教育、医疗、住房、养老等民生支出变化情况，适时调整专项附加扣除范围和标准。其中：

1．3岁以下婴幼儿照护

（1）纳税人照护3岁以下婴幼儿子女的相关支出，按照每个婴幼儿每月2000元的标准定额扣除。

（2）父母可选择由其中一方按扣除标准的100%扣除，也可以选择由双方分别按扣除标准的50%扣除，具体扣除方式在一个纳税年度内不能变更（见图2-1）。

扣除范围	纳税人未满三周岁的子女在照护期间产生的相关支出。
扣除标准	2000元/月/每个子女（定额扣除）
扣除主体	父母（法定监护人）可以选择一方按扣除标准的100%扣除。 父母（法定监护人）可以选择由双方分别按扣除标准的50%扣除。
注意事项	具体扣除方式在一个纳税年度内不能变更。

图2-1　3岁以下婴幼儿照护专项附加扣除

2．子女教育

（1）纳税人的子女接受全日制学历教育的相关支出，按照每个子女每月2000元的标准定额扣除。

学历教育包括义务教育（小学、初中教育）、高中阶段教育（普通高中、中等职业、技工教育）、高等教育（大学专科、大学本科、硕士研究生、博士研究生教育）。

年满3岁至小学入学前处于学前教育阶段的子女，按本条第一款规定执行。

（2）父母可以选择由其中一方按扣除标准的100%扣除，也可以选择由双方分别按扣除标准的50%扣除，具体扣除方式在一个纳税年度内不能变更。

（3）纳税人子女在中国境外接受教育的，纳税人应当留存境外学校录取通知

书、留学签证等相关教育的证明资料备查（见图 2-2）。

扣除范围	子女处于学前教育阶段的相关支出	子女接受全日制学历教育的相关支出
	子女年满3岁至小学处于入学前于学前教育阶段	学历教育包括义务教育（小学、初中教育）、高中阶段教育（普通高中、中等职业、技工教育）、高等教育（大学专科、大学本科、硕士研究生、博士研究生教育）
扣除标准	2000元/月/每个子女（定额扣除）	
扣除主体	父母（法定监护人）可以选择一方按扣除标准的100%扣除。 父母（法定监护人）可以选择由双方分别按扣除标准的50%扣除。	
注意事项	具体扣除方式在一个纳税年度内不能变更。	

图 2-2 子女教育专项附加扣除

以上所称子女，是指婚生子女、非婚生子女、继子女、养子女。父母之外的其他人担任未成年人的监护人的，比照以上规定执行。

3．继续教育

（1）纳税人在中国境内接按照每月 400 元定额扣除。同一学历（学位）继续教育的扣除期限不能超过 48 个月。纳税人接受技能人员职业资格继续教育、专业技术人员职业资格继续教育的支出，在取得相关证书的当年，按照 3600 元定额扣除。

（2）个人接受本科及以下学历（学位）继续教育，符合本办法规定扣除条件的，可以选择由其父母扣除，也可以选择由本人扣除。

（3）纳税人接受技能人员职业资格继续教育、专业技术人员职业资格继续教育的，应当留存相关证书等资料备查（见图 2-3）。

扣除范围	在中国境内接受继续教育的支出		
	学历（学位）继续教育支出	职业资格继续教育支出	
		技能人员职业资格继续教育	专业技术人员职业资格继续教育
	学历（学位）教育期间（扣除期限不能超过48个月）	取得相关证书的当年	
扣除标准	400元/月（定额扣除）	3600元/年（定额扣除）	
扣除主体	个人接受本科及以下学历（学位）继续教育，符合规定扣除条件的，可以选择由其父母扣除	本人扣除	

图 2-3 继续教育专项附加扣除

4．大病医疗

（1）在一个纳税年度内，纳税人发生的与基本医保相关的医药费用支出，扣除医保报销后个人负担（指医保目录范围内的自付部分）累计超过 15000 元的部分，由纳税人在办理年度汇算清缴时，在 80000 元限额内据实扣除。

（2）纳税人发生的医药费用支出可以选择由本人或者其配偶扣除；未成年子女发生的医药费用支出可以选择由其父母一方扣除。

纳税人及其配偶、未成年子女发生的医药费用支出，按国发〔2018〕41 号第十一条“在一个纳税年度内，纳税人发生的与基本医保相关的医药费用支出，扣除医保报销后个人负担（指医保目录范围内的自付部分）累计超过 15000 元的部分，由纳税人在办理年度汇算清缴时，在 80000 元限额内据实扣除”分别计算扣除额。

（3）纳税人应当留存医药服务收费及医保报销相关票据原件（或者复印件）等资料备查。医疗保障部门应当向患者提供在医疗保障信息系统记录的本人年度医药费用信息查询服务（见图 2-4）。

扣除范围	在一个纳税年度内，纳税人发生的与基本医保相关的医药费用支出，扣除医保报销后个人负担（指医保目录范围内的自付部分）累计超过15000元的部分。
扣除标准	纳税人在办理年度汇算清缴时，在80000元限额内据实扣除。
扣除主体	纳税人发生的医药费用支出可以选择由本人或其配偶扣除。 未成年子女发生的医药费用支出可以选择由其父母一方扣除。

图 2-4　大病医疗专项附加扣除

5．住房贷款利息

（1）纳税人本人或者配偶单独或者共同使用商业银行或者住房公积金个人住房贷款为本人或者其配偶购买中国境内住房，发生的首套住房贷款利息支出，在实际发生贷款利息的年度，按照每月 1000 元的标准定额扣除，扣除期限最长不超过 240 个月。纳税人只能享受一次首套住房贷款的利息扣除。

以上所称首套住房贷款是指购买住房享受首套住房贷款利率的住房贷款。

（2）经夫妻双方约定，可以选择由其中一方扣除，具体扣除方式在一个纳税年度内不能变更。

夫妻双方婚前分别购买住房发生的首套住房贷款，其贷款利息支出，婚后可

以选择其中一套购买的住房，由购买方按扣除标准的100%扣除，也可以由夫妻双方对各自购买的住房分别按扣除标准的50%扣除，具体扣除方式在一个纳税年度内不能变更。

（3）纳税人应当留存住房贷款合同、贷款还款支出凭证备查（见图2-5）。

扣除范围	本人或配偶单独或共同使用商业银行或住房公积金个人住房贷款为本人或其配偶购买中国境内住房，发生的首套住房贷款利息支出。 实际发生贷款利息的年度（扣除期限最长不超过240个月）。
扣除标准	1000元/月（定额扣除）
扣除主体	◆ 纳税人未婚：由本人扣除。 ◆ 纳税人已婚：经夫妻双方约定，可以选择由其中一方扣除。 ◆ 夫妻双方婚前分别购买住房发生的首套住房贷款利息支出：婚后可以选择其中一套购买的住房，由购买方按扣除标准的100%扣除；也可以由夫妻双方对各自购买的住房分别按扣除标准的50%扣除，具体扣除方式在一个纳税年度内不能变更。
注意事项	◆ 1.纳税人只能享受一次首套住房贷款的利息扣除。 ◆ 2.首套住房贷款是指购买住房享受首套住房贷款利率的住房贷款。 ◆ 3.纳税人及其配偶在一个纳税年度内不能同时分别享受住房贷款利息和住房租金专项附加扣除。

图2-5 住房贷款利息专项附加扣除

6．住房租金

（1）纳税人在主要工作城市没有自有住房而发生的住房租金支出，可以按照以下标准定额扣除：

1）直辖市、省会（首府）城市、计划单列市以及国务院确定的其他城市，扣除标准为每月1500元。

2）除第一项所列城市以外，市辖区户籍人口超过100万的城市，扣除标准为每月1100元；市辖区户籍人口不超过100万的城市，扣除标准为每月800元。

纳税人的配偶在纳税人的主要工作城市有自有住房的，视同纳税人在主要工作城市有自有住房。

市辖区户籍人口，以国家统计局公布的数据为准。

（2）以上所称主要工作城市是指纳税人任职受雇的直辖市、计划单列市、副省级城市、地级市（地区、州、盟）全部行政区域范围；纳税人无任职受雇单位的，为受理其综合所得汇算清缴的税务机关所在城市。

夫妻双方主要工作城市相同的，只能由一方扣除住房租金支出。

（3）住房租金支出由签订租赁住房合同的承租人扣除。

（4）纳税人及其配偶在一个纳税年度内不能同时分别享受住房贷款利息和住房租金专项附加扣除。

（5）纳税人应当留存住房租赁合同、协议等有关资料备查（见图 2-6）。

扣除范围	在主要工作城市没有自有住房而发生的住房租金支出。		
	直辖市、省会（首府）城市、计划单列市以及国务院确定的其他城市	除第一项所列城市以外，市辖区户籍人口超过100万的城市	除第一项所列城市以外，市辖区户籍人口不超过100万（含）的城市
扣除标准	1500元/月（定额扣除）	1100元/月（定额扣除）	800元/月（定额扣除）
扣除主体	◆ 纳税人未婚：由本人扣除。 ◆ 夫妻双方主要工作城市相同：只能由一方扣除 ◆ 夫妻双方主要工作城市不相同：可以分别扣除		
注意事项	◆ 1.纳税人的配偶在纳税人的主要工作城市有自有住房的，视同纳税人在主要工作城市有自有住房。 ◆ 2.纳税人及其配偶在一个纳税年度内不能同时分别享受住房贷款利息和住房租金专项附加扣除。		

图 2-6　住房租金专项附加扣除

7. 赡养老人

（1）纳税人赡养一位及以上被赡养人的赡养支出，统一按照以下标准定额扣除：

1）纳税人为独生子女的，按照每月 3000 元的标准定额扣除；

2）纳税人为非独生子女的，由其与兄弟姐妹分摊每月 3000 元的扣除额度，每人分摊的额度不能超过每月 15000 元。可以由赡养人均摊或者约定分摊，也可以由被赡养人指定分摊。约定或者指定分摊的须签订书面分摊协议，指定分摊优先于约定分摊。具体分摊方式和额度在一个纳税年度内不能变更（见图 2-7）。

（2）以上所称被赡养人是指年满 60 岁的父母，以及子女均已去世的年满 60 岁的祖父母、外祖父母。以上所称父母是指生父母、继父母、养父母。

2019 年 1 月实施的新个税法，对居民个人的工资、薪金所得的申报方式，从原来的按月代扣代缴改为累计预扣法，随着累计收入的增加，适用的税率从低到高，达到一定数额就会产生税率跳档，月度纳税也随之增加。

扣除范围	纳税人赡养一位及以上年满60周岁（含）的父母，以及子女均已去世的年满60周岁的祖父母、外祖父母的支出。	
扣除标准	独生子女	非独生子女
	3000元/月（定额扣除）	纳税人与兄弟姐妹分摊每月3000元的扣除额度，每人分摊的额度不能超过1500元/月（定额扣除）
扣除主体	本人扣除	◆ 平均分摊：赡养人均摊 ◆ 约定分摊：赡养人自行约定分摊比例 ◆ 指定分摊：由被赡养人指定分摊比例
注意事项	◆ 1.约定或指定分摊的须签订书面分摊协议，指定分摊优先于约定分摊。 ◆ 2.分摊方式和额度在一个纳税年度内不能变更。	

图 2-7　赡养老人专项附加扣除

举例 1：

假设纳税人小张每月扣除“五险一金”后取得工资薪金收入 1.2 万元，享受每月 1000 元的子女教育专项附加扣除，在不考虑其他因素影响下，1 月应纳税所得额为 6000 元，适用 3% 税率，以此类推，6 月份累计应纳税所得额 3.6 万元，仍按照 3% 计算，所以 1 ～ 6 月每月应预缴个税 180 元；而到了 7 月份，累计应纳税所得额达到了 4.2 万元，其中超过 3.6 万元的部分，适用税率“跳档”到 10%，所以 7 月份应预缴个税 600 元，比之前几个月多了 420 元。

举例 2：

纳税人小王每月扣除“五险一金”后取得工资薪金收入 1.5 万元，也享受每月 1000 元的子女教育专项附加扣除，1 月应纳税所得额为 9000 元，适用 3% 税率，1 ～ 4 月每月预缴个税 270 元。到了 5 月，累计应纳税所得额比小张早 2 个月超过 3.6 万元，适用个人所得税预扣率表的第二级，预扣率为 10%，他的预缴个税变为 900 元。原来，应纳税所得额高的人，更早遇到“税率跳档”，而且下半年当累计预扣预缴应纳税所得额超过 14.4 万元、30 万元等临界点时，“税率跳档”还会继续。

随着累计应纳税所得额的提高，最多会产生 6 次跳级，每月预扣的个税会有所不同。

Q43 车改补贴、通信补贴可税前扣除吗？

答：《陕西省财政厅陕西省地方税务局关于个人因公务用制度改革取得的补贴收入有关个人所得税问题的通知》（陕财税〔2015〕10 号）规定，企业各部门经理等中层管理者取得的公车补贴收入按每人每月 1040 元税前扣除，其他人员每人每月 650 元。《陕西省地方税务局关于个人因通信制度改革取得补贴收入征收个人所得税有关问题的公告》（2017 年第 2 号）规定，从 2018 年 1 月 1 日起，通信补贴征收个人所得税公务费用税前扣除限额为每人每月 300 元。

Q44 什么是残疾人就业保障金？

答：残疾人就业保障金（简称残保金）是为保障残疾人权益，由未按规定安排残疾人就业的机关、团体、企业、事业单位和民办非企业单位（简称用人单位）缴纳的资金。

安排残疾人就业的比例不得低于本单位在职职工总数的 1.5%，达不到规定比例的应当缴纳保障金。

按规定残疾人就业保障金缴纳额＝（上年用人单位在职职工人数 ×1.5% －上年用人单位实际安排的残疾人就业人数）× 上年用人单位在职职工年平均工资。

Q45 缴纳残疾人就业保障金有哪些优惠政策？

答：财政部发文，延续实施残疾人就业保障金政策，明确自 2023 年 1 月 1 日～2027 年 12 月 31 日：对在职职工人数 30 人（含）以下的企业，暂免征收残保金。

关于残疾人就业保障金新政的相关规定：

1．实行分档征收

将残保金由单一标准征收调整为分档征收，用人单位安排残疾人就业比例 1%（含）以上但低于本省（区、市）规定比例的，三年内按应缴费额 50% 征收；1% 以下的，三年内按应缴费额 90% 征收。

2．暂免征收小微企业残保金

对在职职工总数 30 人（含）以下的企业，暂免征收残保金。

3．明确社会平均工资口径

残保金征收标准上限仍按当地社会平均工资的 2 倍执行，社会平均工资的口径为城镇私营单位和非私营单位就业人员加权平均工资。

4．合理认定按比例安排就业形势

用工单位依法以劳务派遣方式接受残疾人在本单位就业的，残联在审核残疾人就业人数时相应计入并加强动态监控。

Q46 陕西省 2024 年残疾人就业保障金缴纳政策规定是什么？

答：2024 年起，陕西残保金实施按年征收。

（1）自 2024 年起，将陕西省用人单位残保金申报缴纳期限统一调整为按年申报缴纳。为配合全国按比例就业情况残疾人联网认证审核时间（每年 3 月 1 日～10 月 31 日），将残保金申报缴纳期限定为每年 3 月 1 日～ 12 月 31 日，用人单位在此期间一次性申报缴纳上年度残保金。

（2）明确“上年在职职工工资总额”填报口径变化。残保金申报缴纳期限调整为按年申报缴纳后，原按月申报缴纳残保金的用人单位不再按上年在职职工工资总额除以 12 后的计算结果填报“上年在职职工工资总额”项，而变更为直接按上年在职职工工资总额填报“上年在职职工工资总额”项。

（3）免缴残保金包括以下 4 种情形：

1）个体工商户。根据《残疾人就业保障金征收使用管理办法》（财税〔2015〕72 号）规定，保障金是为保障残疾人权益，由未按规定安排残疾人就业的机关、团体、企业、事业单位和民办非企业单位缴纳的资金。个体工商户不属于政策规定缴纳残保金范畴，因此，个体工商户无须缴纳残保金。

2）按比例安排残疾人就业的企业。根据《残疾人就业保障金征收使用管理办法》（财税〔2015〕72 号）规定，用人单位安排残疾人就业的比例不得低于本单位在职职工总数的 1.5%。

用人单位安排残疾人就业达不到其所在地省、自治区、直辖市人民政府规定比例的，应当缴纳保障金。因此，用人单位实际雇佣的残疾人就业人数高于政策规定应当安排的残疾人就业人数，则不需要缴纳残保金。

3）在职职工人数 30 人（含）以下。根据财政部《关于延续实施残疾人就业保障金优惠政策的公告》（财政部公告 2023 年第 8 号）规定，自 2023 年 1 月 1 日起至 2027 年 12 月 31 日，在职职工人数在 30 人（含）以下的企业，继续免征收残疾人就业保障金。

4）当年注册成立的企业。残保金为本年度申报上一年度，当年新成立的企业无上一年度企业数据，因此不需要申报缴纳残保金，但下一年度需要申报。

第三章 工资总额管理

Q1 工资总额构成包括什么?

答：按照《关于工资总额组成的规定》（国家统计局令第 1 号），工资总额包括计时工资、计件工资、奖金、津贴和补贴、加班加点工资、特殊情况下支付的工资六个项目（见图 3-1）。

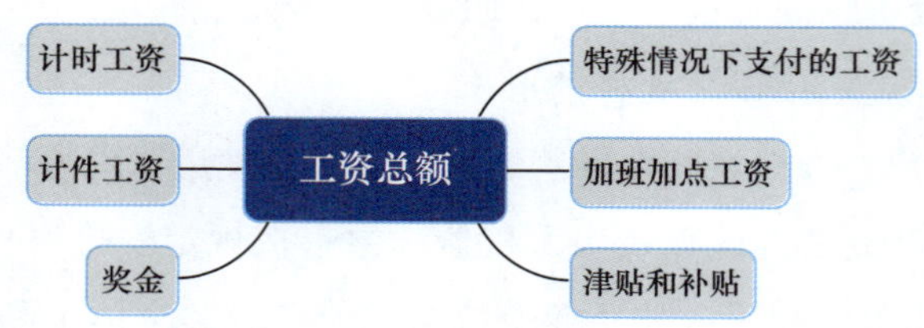

图 3-1 工资总额构成

Q2 不纳入工资总额的 14 个项目是什么?

答：按照《关于工资总额组成的规定》（国家统计局令第 1 号），以下项目不列入工资总额：

（1）根据国务院发布的有关规定颁发的发明创造奖、自然科学奖、科学技术进步奖和支付的合理化建议和技术改进奖及支付给运动员、教练员的奖金。

（2）有关劳动保险和职工福利方面的各项费用。

（3）有关离休、退休、退职人员待遇的各项支出。

（4）劳动保护的各项支出。

（5）稿费、讲课费及其他专门工作报酬。

（6）出差伙食补助费、误餐补助、调动工作的旅费和安家费。

（7）对自带工具、牲畜来企业工作职工所支付的工具、牲畜等的补偿费用。

（8）实行租赁经营单位的承租人的风险性补偿收入。

（9）对购买本企业股票和债券的职工所支付的股息（包括股金分红）和利息。

（10）劳动合同制职工解除劳动合同时由企业支付的医疗补助费、生活补助费等。

（11）因录用临时工而在工资以外向提供劳动力单位支付的手续费或管理费。

（12）支付给家庭工人的加工费和按加工订货办法支付给承包单位的发包费用。

（13）支付给参加企业劳动的在校学生的补贴。

（14）计划生育独生子女补贴。

Q3 国企工资总额管理内容是什么？

答：主要包括各级国资委对所出资国有企业的工资总额管理和国有企业内部工资总额管理两个层面。其中，第一个层面是指各级国资委按照国家工资收入分配的政策要求，根据所出资国有企业的经济效益、劳动效率、人工成本投入产出率、社平工资等因素，合理确定工资总额；第二个层面是指国有企业根据内部工资总额管理制度，以促进经营效益提高、劳动效率提升为导向，对工资总额的分配、下达、执行、调整、清算、监督、考核等实施全过程管理的活动。

Q4 政府对企业工资水平如何进行宏观调控和指导？

答：工资指导线是政府根据当年经济发展调控目标，向企业发布的年度工资增长水平的建议，用以对企业工资水平的确定进行宏观指导和调控的形式。1994 年中国借鉴新加坡等国经验，制定和实施了工资指导线制度，由各地方政府综合考虑本地区当年经济增长、物价水平、劳动力市场状况及上年企业工资水平等因素确定，每年发布。工资指导线包括基准线（适用于生产正常发展、经济效益增长的企业）、上线（又称预警线，适用于经济效益有较快增长的企业，是政府允许企业工资增长的最高限额，不得突破）和下线（允许零增长或负增长，适用于效益下降或亏损企业）。

Q5 企业职工工资总额增长受哪些因素影响？

答:《劳动法》规定，工资水平在经济发展的基础上逐步提高，国家对工资总额实行宏观调控。所以企业的工资水平不仅要与企业自身效益增长水平相适应，还必须与整个社会经济发展水平相适应。

国家层面，2018 年 5 月印发《国务院关于改革国有企业工资决定机制的意见》（国发〔2018〕16 号），明确工资总额预算实行“一适应、两挂钩”（与劳动力市场基本适应、与经济效益和劳动生产率挂钩）。

国务院国资委，2018 年 12 月印发《中央企业工资总额管理办法》（国资委第

39号令），对央企工资总额实行分类管理，其中国网公司作为商业二类央企，职工工资总额预算与利润总额等经济效益指标的业绩考核目标值挂钩，并且根据目标值的先进程度确定不同预算水平，原则上增人不增工资总额、减人不减工资总额，但发生兼并重组、新设企业或者机构等情况的，可以合理增加或者减少工资总额。

国网公司按照2024年印发的《国家电网有限公司工资管理办法》[国网（企管/3）706—2024（指导）]规定，各省公司与本单位企业负责人业绩考核结果、效率贡献（当年利润贡献增幅、营业收入增幅、劳动生产率增幅）紧密挂钩，建立人工成本效能调节机制，同时考虑重大活动保电等特殊贡献。坚持“增人不增资、减人不减资”。设置工资增长调控线，原则上调控上线为当年国务院国资委核定工资总额增幅的2倍，调控下线为－10%。

国网陕西电力2019年印发《国网陕西省电力公司关于优化职工工资总额管控模式 强化过程考核激励的通知》（陕电人综〔2019〕4号），在落实国网公司关于职工工资总额管理要求的基础上，实行“挣工资”总额管控机制，坚持“融合发展、强化考核、兼顾公平”的核定原则，各直属单位职工工资总额主要与“挣取”过程考核工资、超缺员等因素挂钩，同时考虑重大保电等特殊贡献和历史工资水平。2024年印发《国网陕西省电力有限公司关于建立全口径用工“挣工资”总额管控机制的通知》（陕电企管〔2024〕42号），建立主业职工、省管产业单位用工、主业直签供电服务职工的全口径用工“挣工资”总额管控机制。

Q6 国网公司工资总额管理程序是什么？

答：（1）每年初，根据国资委对中央企业工资总额预算管理的有关要求，编制当年工资总额预算方案和上年工资总额预算执行情况报告，经国资委审核后，下达各单位工资总额预控计划。

（2）每年底前，根据国资委批复工资总额预算，编制下达各单位工资总额计划，并纳入当年财务预算调整。

（3）次年，根据财务决算结果，对各单位上年工资总额开展清算，对于因效益指标和业绩考核结果等变化产生的工资总额计划差额，在当年工资总额计划中予以调整。

Q7 国网公司对各省公司级单位本部工资总额是如何核定的?

答：按照《国家电网有限公司工资总额管理办法》（国家电网人资〔2021〕649号）规定，国网公司对各省公司级单位本部工资总额实行“双控”（控人均工资、控工资总额），并与其超缺员情况挂钩，在各省公司级单位职工工资总额计划内单独核定。

Q8 国网公司对安全事故与工资总额直接挂钩的规定是什么?

答：按照《国家电网有限公司关于加强安全生产奖惩管理的意见》（国家电网人资〔2019〕6号）规定，国网公司对发生较大及以上安全事故并负有责任的省公司，核减其当年总额。

（1）对发生特别重大安全事故（一级人身、电网、设备事件）并负有责任的省公司，每起核减当年总额的1.5%。

（2）对发生重大安全事故（二级人身、电网、设备事件）并负有责任的省公司，每起核减当年总额的1.2%。

（3）对发生较大安全事故（三级人身、电网、设备事件）并负有责任的省公司，每起核减当年总额的1.0%。

（4）对发生四级到八级人身、电网、设备事件并负有责任，以及未达到安全生产目标、安全管理指标下滑、奖惩不到位的各级单位，各省公司要核减其当年总额，额度不低于其当年安全生产专项奖。

Q9 省合资公司职工工资总额是如何核定的?

答：按照《国网人资部关于印发省合资公司人力资源管理机制创新工作指引的通知》（人资综〔2021〕34号），省公司未控股并表的，预控计划由国网公司在每年年初下达控股方；调整计划由省公司每年年末研究提出年度工资总额计划，国网公司核准后，将各省合资公司工资总额计划下达控股方，并抄送省公司，省合资公司工资总额计划与其经营效益、劳动效率、业绩考核结果紧密挂钩。省公司控股并表的，预控计划和调整计划均由省公司纳入本单位工资总额管理。

Q10 国网公司如何核定原集体企业、供电服务公司工资总额?

答：按照2024年印发的《国家电网有限公司工资管理办法》[国网（企管/3）706—2024（指导）] 规定，原集体企业、供电服务公司工资总额与各单位业绩考核结果、效益效率贡献（原集体企业为利润总额增幅，劳动生产率增幅；供电服务公司为供电质量、客户服务、人均低压客户、人均低压配电容量、人均低压售电量）紧密挂钩，同时考虑重大任务等完成情况进行核定。

Q11 公司对各单位职工工资总额的核定要素是什么？

答：按照《国网陕西省电力公司关于优化职工工资总额管控模式强化过程考核激励的通知》（陕电人综〔2019〕4 号），各单位职工工资总额由基础工资、专项考核工资、调节工资三部分构成。基础工资包括企业负责人会计年度发放工资和职工基础保障工资；专项考核工资根据公司战略部署及年度重点工作任务进行优化调整设置，使用全部工资总额增量和部分工资总额存量；调节工资与增减员、超缺员、效益贡献、历史工资水平等挂钩核定（见图 3-2）。

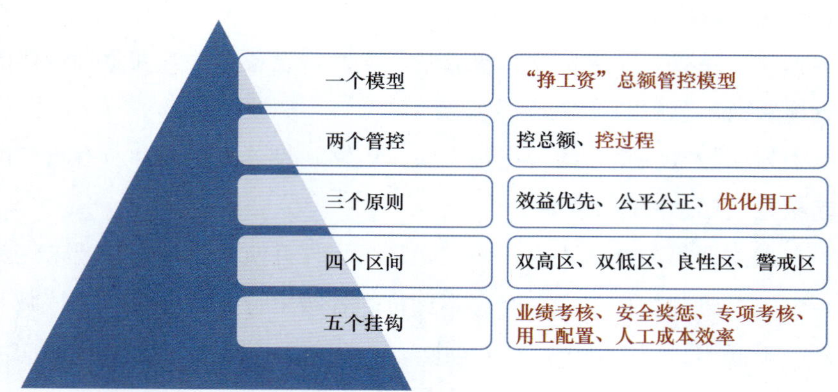

图 3-2　工资总额核定原则模型

Q12 公司对供电服务职工工资总额的核定要素是什么？

答：按照《国网陕西省电力公司关于强化乡镇供电所薪酬激励的意见》（陕电人〔2020〕82 号），各单位供电服务职工工资总额由基础工资、效益工资、包干工资、专项工资、调节工资五部分构成。基础工资与基准年人均工资挂钩核定；效益工资与人均售电量、人均配电线路长度、人均服务客户数和农村电能替代推广考核挂钩核定；包干工资根据季度考核兑现的 10 千伏线路运维、输电线路通道属地化维护包干工资核定；专项工资根据电网建设改造属地协调、“全能型”员工评聘、安全贡献、表彰奖励等情况核定；调节工资与历史工资水平、各地市社平工资水平等因素挂钩核定。

Q13 公司对省管产业单位用工、劳务派遣用工工资总额的管理方式是什么？

答：按照《国网人资部关于下达2024年人力资源预控计划的通知》（人资计〔2024〕15号），自2024年起，将省管产业纳入人力资源计划管控。按照《国网陕西省电力公司关于印发进一步加强人力资源计划管理实施意见的通知》（陕电人〔2019〕68号），劳务派遣用工工资总额实行备案管理，由各单位负责计划编制、下达、执行、考评等管理工作，通过人力资源统计报表等方式报公司审核备案。

Q14 公司对工资总额管理要求是什么？

答：（1）各单位在公司工资总额预控计划范围内，合理分解县公司级单位预控计划，根据基础工资编制全年各月工资、基本月奖预算，其他奖金发放预算根据季度兑现的过程管控工资滚动编制并报公司人资部备案。

（2）各单位要控制发放节奏，在公司下达年度工资总额调整计划前，累计发生工资总额应小于或等于基础工资与已兑现过程管控工资（包干工资）之和，并控制在公司下达预控计划范围内。公司对各单位发放情况进行月度监控、季度通报，对于违规列支、超计划发放的，将在年末工资总额调整计划中予以扣减。

（3）各单位要优化内部分配机制，在量化考核的基础上，加大绩效工资考核挂钩力度，将“挣工资”模式向县公司、省管产业单位延伸，做细做实配套考核分配办法，加大“五个倾斜”力度（分配向关键岗位、高端人才、生产一线、艰苦边远地区和克难攻坚者倾斜），采取以分计酬、项目团队包干等多种与考核方式相匹配的差异化绩效工资挂钩机制，增强考核兑现的直接性和及时性，实现收入能增能减，合理体现价值回报。

（4）各单位要切实落实薪酬管理十个方面“二十五项不得”，结合历次巡视巡查、审计检查问题整改要求，举一反三、全面规范。公司将通过巡查审计和微应用监控分析等方式，监督检查各单位收入分配工作，进一步加大对违规行为惩处力度，形成规范有序的收入分配格局。

Q15 国网公司对发生工资总额管理踩“红线”、越“底线”问题的处理规定是什么？

答：按照《国家电网有限公司工资管理办法》［国网（企管/3）706—2024（指导）］规定，发生下列情形的，扣减相关工资总额和企业负责绩效年薪。

（1）各单位出现超提、超发工资的各单位应当及时清退并进行相关财务处理，国网公司核减相关单位工资总额基数，视情况扣罚工资总额及企业负责人绩效年薪。其中：超提超发工资总额不超过 1%（含）的，扣罚工资总额 1%，分别扣减企业主要负责人及相关负责人、直接责任人 10% 的当年度绩效年薪；超提超发工资总额 1% ～ 3%（含）的，扣罚工资总额 3%，分别扣减企业主要负责人及相关负责人、直接责任人 15% 的当年度绩效年薪；超提超发工资总额 3% 以上的，扣罚工资总额 5%，分别扣减企业主要负责人及相关负责人、直接责任人 20% 的当年度绩效年薪。

（2）各单位在工资总额计划外列支工资性支出比照超提、超发工资总额情况处理，本部超提超发工资总额的，除按（1）规定处理外，加倍核减本部工资总额。

（3）各单位超提超发工资总额、在工资总额之外发放工资性收入、违反规定自定薪酬、虚报瞒报工资收入、违反规定发布工资信息等行为，一般予以通报批评；情节较重的，按照有关规定对企业负责人予以党纪政务处分；涉嫌违法犯罪的，依法移送有关机关处理。

Q16 公司可以早一些下达职工年度工资总额计划吗?

答：下达工资计划的时间受诸多因素影响，国网公司下达时间主要在于国务院国资委的工资总额批复时间，公司下达时间主要在于国网公司下达时间。

Q17 各单位要如何争取工资总额增长?

答：从各单位自身看，保安全就是保基数、提效益就是保增量、控人数就是保增速。各单位一要正确认识两方面关系，即总量、效益、效率的关系，增幅、人均和结构的关系；二要通过季度过程考核“比业绩”研究“考点得失”，查问题、补短板，积极“挣取”过程考核工资；三要坚持两个“不能”，即计划不能一分了之，管理不能只注重短期结果。

各单位向公司申请工资总额时，一要在公司各类用工工资总额管控规定的原则框架内；二要给出明确的申请依据和测算数据。

第四章　岗位绩效工资制度

Q1 岗位绩效工资制度定义及构成是什么？

答：按照《国家电网有限公司岗位绩效工资管理办法》（国家电网人资〔2022〕610 号）的规定，岗位绩效工资制度是国网公司系统实行的基本工资制度，以岗位价值为依据，以业绩贡献为导向，由岗位薪点工资、绩效工资、辅助工资三个单元构成的工资制度（见图 4-1），实行"一岗多级、绩效联动"的宽带岗级体系，实现绩优岗升、岗变薪变。岗位薪点工资是体现岗位价值、员工能力素质和累积贡献的工作单元；绩效工资是与考核结果挂钩的工资单元，各单位可根据业务特点、重点任务、行业惯例等，采取目标任务、工作积分、团队包干、项目提成等多种方式核发绩效工资；辅助工资主要包括年功工资、五项福利性补贴、其他津补贴、生活补助费、人才津贴、表彰奖励等工资项。

图 4-1　岗位绩效工资构成

Q2 岗位薪点工资如何计发？

答：岗位薪点工资是体现岗位价值、员工能力素质和累积贡献的工资单元，以岗级和薪级确定薪点数，以薪点数和点值确定发放额度。计算公式为

$$岗位薪点工资=薪点数\times点值$$

Q3 年功工资如何计发？

答：年功工资，也称为工龄工资，是企业根据员工在企业工作的年限，按照一定的标准支付给员工的工资。公司目前年功工资依据员工工龄设置，实行分段累进计发，每 5 年为一工龄段，第一工龄段（1 ～ 5 年）为 10 元 / 工龄年，之后每工龄段依次增加 8 元，封顶 50 元 / 工龄年。

（1）年功工资统一在每年 1 月调增，全年执行相同标准。

（2）新入职员工执行初期待遇期间，不发放年功工资，转正定级后次月按照实际工龄年计发年功工资。

（3）执行年薪制的企业负责人不发放年功工资，离开企业负责人岗位次月起按照实际工龄年计发年功工资。

Q4 公司五项福利性补贴如何设置？

答：五项福利性补贴包括实行货币化改革后企业按月按标准发放的交通补贴（车改补贴）、通信补贴、住房补贴以及节日补助和未统一供餐而按月发放的午餐费补贴等工资项目。

（1）各单位应根据企业实际严格控制发放项目，已使用食堂经费的单位，不再发放午餐费补贴；住房补贴须符合政策规定，履行职代会等内部决策程序，经国网公司审查，报国资委备案后方可发放。原则上，各单位机关本部五项福利性补贴人均水平不得超过所属单位的 2 倍。各单位的交通补贴或车改补贴、通信补贴标准，可根据岗级层级、岗位职责等要素确定，但单项补贴标准最高不得超过最低的 3 倍。午餐费补贴、节日补助应执行统一标准。

（2）实行年薪制的各级企业负责人，在核定薪酬之外不发放五项福利性补贴。

Q5 其他津补贴设置要求是什么？

答：其他津补贴是各单位依据国家和地方政策法规设立的工资项目，国网公司要求严控其他津补贴项目数量，原则上只减不增，确需新增的，由各单位提交公司审核并报国网公司审核备案后方可执行。公司现行经国网公司审核备案的其他津补贴主要是高温津贴。

Q6 陕西省高温津贴发放条件及标准是什么？

答：按照《关于调整夏季防暑降温费和高温津贴标准的通知》（陕人社发〔2024〕55 号）要求，用人单位安排劳动者在 35℃以上高温天气从事室外露天作业，以及不能采取有效措施将工作场所温度降低到 33℃以下的，应当向劳动者发放高温津贴，标准为每人每天 25 元。发放时间为每年 6 月 1 日～9 月 30 日。

Q7 发放高温津贴的列支渠道及要求是什么？

答：高温津贴由劳动者所在单位负担，纳入工资总额，不包括在最低工资标准范围内。用人单位不得因高温期间停止工作、缩短工作时间降低或扣除劳动者工资。

Q8 什么是岗级？

答：岗级是确定员工工资的依据，员工岗级由基准岗级和发展岗级构成。其

中：基准岗级为员工任职岗位的起始岗级，根据岗位职责、工作强度、任职条件等确定；发展岗级为员工岗位的晋升岗级，根据员工在任职岗位工作期间的业绩表现确定。计算公式为

员工岗级＝基准岗级＋发展岗级

Q9 员工岗级越高，工资越高吗？

答：不一定。员工的工资主要由岗位薪点工资、绩效工资及辅助工资构成。一方面，在员工薪档相同、薪点值相同的情况下，岗级越高（薪级越高），岗位薪点工资越高。同时，“宽带岗级”跨级交叉设置，打破了收入与岗级间的严格对应，低岗级员工的薪级可能比高岗级人员高。

另一方面，绩效工资也就是各类奖金在员工收入构成中占主体地位，绩效工资成为影响工资水平的主要因素。员工绩效工资既与组织绩效直接相关，又与员工个人业绩贡献相挂钩，绩效高、岗级低的员工，工资可能超过绩效低、岗级高的员工。

Q10 员工岗位变动、跨单位调动如何定岗？

答：员工岗位变动、跨单位调动时，根据新岗位基准岗级和原岗位发展岗级，合理确定员工岗级，不得突破新岗位岗级区间。

（1）原岗级低于新岗位基准岗级的，员工岗级按新岗位基准岗级设定，发展岗级归零。

（2）原岗级高于新岗位区间上限的，员工岗级按新岗位区间最高岗级设定，基准、发展岗级按新岗位区间作相应调整。

（3）员工岗位发生变动时，员工新岗位应为原岗级（基准岗级＋发展岗级）与新旧岗位基准岗级差之和；员工跨层级发生岗位变动时，员工新岗级应为原岗级（基准岗级＋发展岗级）与新岗位及其下（上）相邻层级基准岗级差之和。

Q11 一线岗位如何确定？

答：一线岗位，由各单位结合本单位生产经营实际和人员配置情况，参考《国网陕西省电力公司一线岗位范围》确定。一线岗位主要是指承担电网主营业务，且安全生产责任重、工作环境相对艰苦、工作危险性相对较高，需要直接面向生产设备或者客户，以现场作业为主或者需 24 小时值班的岗位，一般包括电网调控运行、输电运检、变电运检、城区配电、供电服务、电费抄核收、电能计量、智能用电推广与建设运营、设备状态评价、信息通信运维、送变电施工、发电生产等专业的岗位。

Q12 对运行岗位如何实现正向激励?

答：对承担电网主营业务，且安全生产责任重、工作环境艰苦、工作危险性较高，以现场作业为主或者需 24 小时值班的生产一线岗位员工，各单位可上浮 1 ～ 3 个薪级。离开生产一线岗位后，上浮薪级取消。

Q13 接收退役士兵如何定岗定薪?

答：接收安置的复转军人，遵循“同工龄、同工种、同岗位、同级别待遇”的原则，定岗前按原部队待遇确定工资标准；转正定级后，岗级按其所在岗位对应岗级区间确定，员工岗级＝基准岗级＋工龄 /5，薪档（薪级）参照新进毕业生转正定级规则执行。

Q14 新进毕业生定岗前执行什么工资标准?

答：按照《国网陕西省电力有限公司“宽带岗级”岗位绩效工资实施细则》（陕电人资〔2023〕76 号）执行。新进毕业生试用期（6 个月）工资按照学历分类相应标准执行；试用期满至定岗前工资，按照公司统一通知标准执行。

Q15 新进毕业生转正后的岗级薪级怎么确定?

答：新进毕业生转正定级，员工岗级按其所在岗位基准岗级设定；薪级根据员工的学历、职称、技能等级、工龄等要素积分确定，岗级薪档确定后，初始薪级剩余分值清零。

Q16 年薪制与岗位绩效工资制如何切换?

答：执行年薪制人员转为岗位绩效工资制时，结合原档案工资岗级薪档及累计动态调整积分情况，确定最终岗级、薪档。

执行岗位绩效工资制人员转为年薪制时，岗位薪点工资作为档案工资管理。

Q17 员工岗级如何晋升?

答：员工基准岗级根据岗位职责、工作强度、任职条件等综合确定。员工发展岗级根据员工岗位工作的绩效考核结果确定，不得突破本岗位的岗级区间。员工的岗级晋升积分按照年度业绩考核等级 A、B、C、D 进行积分，其中 A 级计 2 分，B 级计 1.5 分，C 级计 1 分，D 级计 0 分。岗级晋升积分累积满 4 分，且连续三年没有 C、D 或连续两年为 A 的，晋升一个发展岗级，同时扣减相应岗级晋升积

分，已达到本岗位所设置岗级区间上限的，不再晋升岗级，岗级晋升积分继续累计。下面以某员工连续 8 年绩效积分累计结果为例（见图 4-2）。

年度	绩效评价结果	得分	备注
第一年	A	2	两年可升一个岗级
第二年	A	2	积分扣减4分，积分清零
第三年	B	1.5	三年可升一个岗级，积分扣减4分，剩余1分作为累积积分，保存至个人岗级积分台账
第四年	B	1.5	
第五年	A	2	
第六年	C	1	累计积分4分，因三年内有C，不得晋升岗级，剩余4分为累积积分，保存至个人岗级积分台账
第七年	A	2	
第八年	B	1.5	累计积分5.5分，因三年内有C，不得晋升岗级，剩余5.5分为累积积分，保存至个人岗级积分台账

图 4-2　员工岗级晋升规则

Q18 员工薪档如何晋升?

答：根据员工资质等级、专业成果、内部流动等方面的积分，各单位应每年调整一次员工薪档，并建立积分台账，满 2 分可晋升一个薪档，每年最多晋升 2 档。

员工符合薪档晋升条件的，统一在次年年初调整，同时扣减相应积分，已达到本岗级对应薪档区间上限的，薪档不再晋升，积分继续累计。

Q19 降职（降级）、撤职人员岗位薪点工资如何执行?

答：员工因受纪律处分降职（降级）、撤职的，岗级按新岗位基准岗级执行，发展岗级清零，薪档按所在岗位 1 档执行。

Q20 不在岗员工是否执行岗位绩效工资制度?

答：内部退养、待岗、长病等不在岗员工不执行岗位绩效工资制度，其工资支付按国网公司、公司有关规定执行。岗位薪点工资作为档案工资管理，不再晋升岗级、薪档，不参与薪档动态调整积分。待重新上岗的，岗级按照任职岗位的基准岗级执行，薪档参照新进毕业生转正定级规则执行。

第五章　企业负责人薪酬管理

Q1 企业负责人薪酬谁来管、管什么？

答：按照《国家电网公司企业负责人薪酬管理办法》[国网（人资/4）716—2017]规定，企业负责人薪酬实行分类分级管理。各级单位企业负责人薪酬由其上一级单位负责管理，本级单位负责编制申报本层级企业负责人年薪方案并按照上一级单位核定标准执行。

具体来说，公司主要负责贯彻落实上级单位办法，执行国网公司下达公司领导成员薪酬，核定地市公司级单位负责人薪酬，审核备案县公司负责人薪酬，指导检查年薪制贯彻落实情况。

地市公司级单位的薪酬管理人员，主要负责贯彻落实上级关于企业负责人薪酬管理相关制度办法，执行省公司下达本单位负责人薪酬，组织开展本级及所属县公司级单位企业负责人薪酬集中审核发放，做好发放预算、基薪备案、薪酬手册、月报、台账等基础工作。

县公司级单位的薪酬管理人员，需要负责维护本单位企业负责人考勤、考核等薪酬发放基础信息，以及通过ERP做模拟核算等薪酬发放具体工作。

Q2 企业负责人薪酬构成和基本核定方式是什么？

答：

1. 企业负责人年薪构成

按照《国家电网公司企业负责人薪酬管理办法》[国网（人资/4）716—2017]《国网陕西省电力公司关于进一步规范企业负责人薪酬管理工作的通知》（陕电人〔2017〕100号）《国家电网有限公司经理层成员任期制和契约化管理办法（试行）》（国家电网党〔2021〕72号）《国家电网有限公司关于在各级单位推行经理层成员任期制和契约化管理的通知》（国家电网人事〔2021〕452号）和《国网陕西省电力有限公司经理层成员经营业绩考核和薪酬管理办法》（陕电办〔2022〕49号）和国网公司、公司企业负责人业绩考核管理办法等规定，各级单位企业负

责人薪酬主要包括基本年薪、绩效年薪、任期激励收入三部分（见图 5-1）。

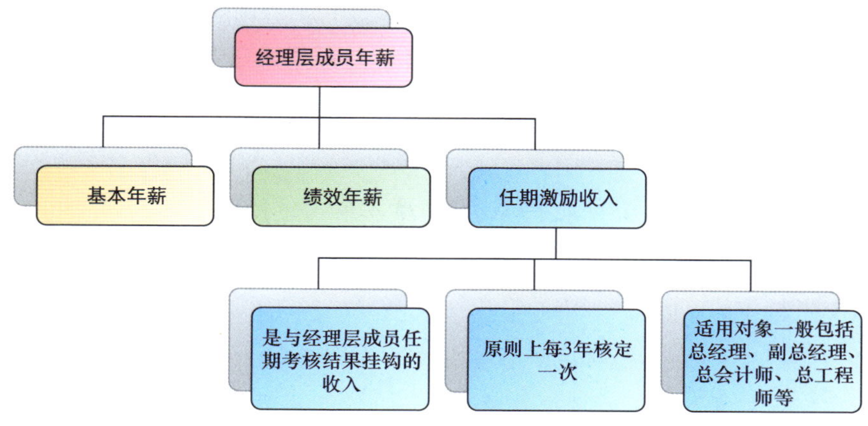

图 5-1 企业负责人年薪核定方式

2．企业负责人年薪核定方式

基本年薪，是企业负责人的年度基本收入，原则上每年核定一次。各级单位主要负责人基本年薪按照上级单位核定标准执行；副职的基本年薪，由所在单位按照其任职岗位、任职年限、承担责任及风险等因素，按照本单位主要负责人基本年薪标准的 85% ～ 90% 比例确定（享受正职行政级别的副职负责人，按照本单位主要负责人基本年薪标准的 95% 确定），报经上级单位审批后执行。

绩效年薪，是与本单位业绩考核结果及突出贡献紧密挂钩的收入，包括考核年薪和奖励年薪，原则上每年核定一次。各单位主要负责人绩效年薪在次年初业绩考核结束后由上级单位核定；其他班子成员的绩效年薪，由所在单位根据个人业绩考核结果、上级单位关于核定比例区间有关要求确定分配方案，合理拉开差距，报经上级单位审批后执行。其中，考核年薪一般按不超过主要负责人考核年薪标准的 90% 提出方案（个别业绩特别突出的副职比例可上浮至 95%）；奖励年薪依据个人贡献大小，由所在单位确定分配方案。

任期激励收入，是与经理层任期考核结果挂钩的收入，原则上每 3 年核定一次。适用对象一般包括总经理、副总经理、总会计师、总工程师等。各级单位总经理的任期激励收入由上级单位按照不超过本人任期内 3 年年薪（基本年薪、绩效年薪之和，下同）总水平的 10% 和任期考核结果确定；其他经理层成员任期激励收入，一般按照不超过主要负责人任期激励标准的 90% 提出方案（对个别业绩特别突出的副职比例可上浮至 95%），合理拉开差距，由所在单位核定，报经上级单位审批后执行。其中个人任期考核结果为 D 级的无任期激励收入。

Q3 企业负责人绩效年薪怎样与年度业绩考核结果挂钩核定？

答：

1．国网公司核定省公司级单位主要负责人绩效年薪

绩效年薪＝考核年薪＋奖励年薪，其中：

（1）考核年薪。

考核年薪＝考核年薪基数 × 考核系数 × 经营难度系数 × 调节系数。其中：

考核年薪基数，电网业务、支撑产业、金融业务单位为 2 倍基本年薪；国际业务、战略性新兴产业单位为 1.5 倍基本年薪。

考核系数，系数区间按 0 ～ 1.25 设置，具体情况如表 5-1 所示。

表 5-1　考核系数

考核等级	系数区间设置
A+	1.2 ～ 1.25
A	1.15 ～ 1.2
B	1.05 ～ 1.15
C	0.9 ～ 1.0
D	0 ～ 0.6

考核得分占满分 60% 及以下（2024 年度业绩考核满分 200 分）或安全工作考核扣分超过 30 分的，考核年薪为 0。

经营难度系数，依据经营效益、企业规模、行业竞争等因素综合确定，系数区间按 1 ～ 1.2 设置。

调节系数，综合考虑年度物价水平、职工工资增幅、薪酬管控要求等因素确定。战略性新兴产业单位、金融单位设置行业对标系数，区间按 0.8 ～ 1.2 设置，依据对标指标行业排名和升降情况确定。

（2）奖励年薪。依据企业在效益贡献、科技创新、战略性新兴产业培育、社会责任、品牌建设等方面做出的突出贡献情况，确定领导班子奖励总额和正职奖励标准。其中，国际业务、战略性新兴产业单位奖励年薪主要与经营效益挂钩。

2．公司核定地市公司级单位正职绩效年薪

绩效年薪＝考核年薪＋奖励年薪，其中：

（1）考核年薪。

考核年薪＝考核年薪基数 × 考核系数

考核系数取值区间为 0 ～ 1.2，依据各单位年度负责人业绩考核得分进行插值确定，计算方法如表 5-2 所示。

表 5-2　　年度考核得分挂钩系数表

单位年度业绩等级	考核系数（k）	考核系数范围
A 级	$k=1.15+0.05\times\frac{\text{单位得分}-A\text{级最低分}}{A\text{级最高分}-A\text{级最低分}}$	1.15 ～ 1.2
B 级	$k=1.05+0.1\times\frac{\text{单位得分}-B\text{级最低分}}{A\text{级最高分}-B\text{级最低分}}$	1.05 ～ 1.15
C 级	$k=0.9+0.1\times\frac{\text{单位得分}-C\text{级最低分}}{B\text{级最高分}-C\text{级最低分}}$	0.9 ～ 1
D 级	—	0 ～ 0.6

（2）奖励年薪。依据单位在效益贡献、科技创新、战略性新兴产业培育、社会责任、品牌建设等方面做出的突出贡献情况，给予一次性奖励。

Q4 企业负责人任期激励收入具体核定方法是什么？

答：

1．国网公司核定省公司级单位主要负责人任期激励收入

任期激励收入＝任期内 3 年薪酬总额 ×10%× 任期考核系数，其中：任期考核系数规定为任期考核 A ＋级和 A 级为 0.9 ～ 1.0、B 级为 0.7 ～ 0.9、C 级为 0.6 ～ 0.7、D 级为 0。

2．公司核定地市公司级单位正职任期激励收入

任期激励收入＝任期内 3 年薪酬总额 ×10%× 任期考核系数，任期考核系数如表 5-3 所示。

表 5-3　　任期考核系数

任期考核级别	对应考核系数
A 级	0.9 ～ 1.0
B 级	0.7 ～ 0.9
C 级	0.6 ～ 0.7
D 级	0.4 ～ 0.5

考核结果不合格或依据退出规定应退出岗位的，任期激励收入为零。

Q5 企业负责人年薪怎么支付?

答：基本年薪，根据上级单位核定标准按月支付，在上级单位未下达企业负责人当年基本年薪标准前，暂按上年基本年薪标准预发，待上级单位下达后再予调整。

绩效年薪、任期激励收入，实施延期支付制度。年度（任期）考核结束后，兑现绩效年薪（任期激励收入）的 80%（含上年已按基本年薪规定比例按月预发绩效年薪），其余 20% 待财务决算后延期兑现。延期支付部分待公司通知后方予以兑现。企业负责人因工作需要发生岗位变动的，按任职时间分段计算薪酬，由任职时间段所在单位分别支付。

Q6 如何确定年薪起止薪时间?

答：企业负责人因工作需要发生岗位变动的，按任职时间分段计算薪酬。

新任岗位薪酬由所在单位按照任职文件成文日期（即落款日期、生效日期）的次月为该负责人起薪；依据“不重不漏”的原则，原岗位止薪时间为其新任岗位起薪月份的上一个月；跨单位岗位调整的，调入单位起薪月发薪有困难（如已过发薪日期等），于次月补发；调出单位未能及时按照止薪月份停薪，多发放了一个月薪酬的，多发部分可延至兑现其年度绩效薪酬时予以冲抵。

Q7 企业负责人薪酬存在违规风险的事项有哪些?

答：（1）违规支付各类津补贴、奖励。各级企业负责人领取的符合国家和国网公司规定的国务院政府特殊津贴、院士津贴、人才津贴，以及获得的各级劳动模范、公司系统上级单位表彰的先进个人奖励等其他货币性收入，须经上级单位审核同意后纳入薪酬方案。各级企业负责人不得擅自领取由地方政府或有关部门发放的奖金及实物奖励，不得领取公司系统关于表彰科学技术奖、管理创新奖、软科学课题等项目所发放的奖金。

（2）自定薪酬或兼职取酬。企业负责人不得自定薪酬项目，不得领取年度薪酬方案所列收入之外的其他货币性收入，不得兼职取酬。

（3）除清算年薪外为退休企业负责人继续支付薪酬。企业负责人退休后，自下发职务调整通知文件次月起，按规定领取养老金的，除按其在企业负责人岗位实际工作月数计提的薪酬和薪酬延期兑现部分外，不得继续在原企业及其出资企业领取薪酬。

（4）违规支付其他福利性货币收入。企业负责人享受的符合国家和公司规定的企业年金、补充医疗保险、住房公积金、独生子女费、防暑降温费、取暖费、丧葬抚恤费等福利保障待遇，一并纳入薪酬体系统筹管理，企业负责人不得领取其他福利性货币收入。各级单位不得为企业负责人购买商业性补充养老保险。各级单位为企业负责人办理各项社保、公积金的缴存基数和缴费比例不得超过国网公司规定。

（5）企业支付应由个人承担的社保、公积金、个税等。企业负责人各项福利保障待遇应由个人承担的部分，由企业从其薪酬中代扣代缴；应由企业承担的部分，由企业支付。企业负责人薪酬为税前收入，应依法缴纳个人所得税，由企业依法代扣代缴。

Q8 受党纪政纪处分、发生安全生产责任事故时如何扣减企业负责人薪酬?

答：按照《国家电网有限公司关于加强安全生产奖惩管理的意见》（国家电网人资〔2019〕6号）《国家电网有限公司企业负责人年度业绩考核管理办法》（国家电网人资〔2024〕211号）《国网陕西省电力有限公司企业负责人业绩考核管理办法》（陕电人资〔2024〕45号）等规定，企业负责人受到党纪处分、纪律处分、政务处分的，相应扣减处分决定年度负责人绩效年薪以及对应任期激励收入。扣减标准如下：

1. 国网公司对省公司级单位负责人

（1）受到党纪处分的。

1）党内警告，扣减绩效年薪的5%。

2）党内严重警告，扣减绩效年薪的20%。

3）撤销党内职务、留党察看、开除党籍，扣减全部绩效年薪和任期激励收入。

（2）受到政务处分、公司纪律处分的。

1）警告，扣减绩效年薪的5%。

2）记过，扣减绩效年薪的10%。

3）记大过，扣减绩效年薪的20%。

4）降级、降职、撤职、留用察看、开除公职、解除劳动合同，扣减全部绩效年薪和任期激励收入。

（3）发生安全责任事故的。

1）对发生特别重大安全责任事故并负有责任的单位，每起分别扣减主要负责人和有关分管负责人 30 万元绩效年薪。

2）对发生重大安全责任事故并负有责任的单位，每起分别扣减主要负责人和有关分管负责人 20 万元绩效年薪。

3）对发生较大安全责任事故并负有责任的单位，每起分别扣减主要负责人和有关分管负责人 15 万元绩效年薪。

4）其他负责人按主要负责人扣罚标准的 80% 扣减绩效年薪。

同一事件、同一责任人的薪酬扣减，按就高原则执行。

2．公司对地市公司级单位负责人

企业负责人受到党纪处分、纪律处分、政务处分的，相应扣减处分决定年度负责人绩效薪金（按月折算扣减年薪）。

（1）受到党纪处分的。

1）党内警告，扣减 2 个月绩效年薪。

2）党内严重警告，扣减 6 个月绩效年薪。

3）撤销党内职务，扣减 8 个月绩效年薪。

4）留党察看，扣减 10 个月绩效年薪。

5）开除党籍，不再兑现绩效年薪。

（2）受到公司纪律处分、政务处分的。

1）警告，扣减 2 个月绩效年薪。

2）记过，扣减 4 个月绩效年薪。

3）记大过，扣减 6 个月绩效年薪。

4）降级、降职、撤职，扣减 8 个月绩效年薪。

5）留用察看，扣减 10 个月绩效年薪。

6）开除公职、解除劳动合同，不再兑现绩效年薪。

（3）发生安全生产事故的。按照公司安全生产奖惩规定扣罚相关责任人绩效年薪。同一事件、同一责任人的薪酬扣减，按照就高原则执行。

第六章　企业负责人履职待遇和业务支出

Q1 什么是企业负责人履职待遇和业务支出？

答：按照《国家电网公司所属各级单位企业负责人履职待遇、业务支出管理办法》（国家电网企管〔2016〕275号）规定，履职待遇是指为企业负责人履行工作职责提供的工作保障和条件，主要包括公务用车、办公用房、培训等。业务支出是指企业负责人在生产经营活动中因履行工作职责所发生的费用支出，主要包括业务招待、国内差旅、因公临时出国（境）、通信等方面的支出。

Q2 企业负责人公务用车的具体要求是什么？

答：

1．公务用车的配置

（1）不得以特殊用途等理由变相超编制、超标准配备公务用车。

（2）不得擅自扩大专车配备范围变相配备专车。

2．公务用车的更新

（1）购置公务用车采取集中招标采购方式，不得单独通过询价、协议供货等方式采购车辆。

（2）不得因领导干部职务晋升、调任等原因提前更新公务用车。

3．公务用车的使用

（1）公务用车实行集中管理、统一调度，严禁公车私用。

（2）严禁以任何理由挪用或者固定给个人使用公务用车。

（3）不得允许亲属和身边人员因私使用公务用车。

（4）不得以任何方式换用、借用、占用下属单位或者其他单位和个人的车辆。

（5）不得向下属单位或者其他单位和个人摊派、转嫁购置公务用车资金及各类相关运行费用。

4．公务交通补贴

不得以车改补贴的名义变相发放福利。

5. 公务用车的费用

实行单车核算，以年度预算范围内据实报销方式进行管理。

Q3 企业负责人办公用房面积标准是多大?

答：各级单位企业负责人办公室（含休息室、卫生间，下同）使用面积不超过以下标准：省公司级单位主要企业负责人 48 平方米，其他企业负责人 27 平方米；地市公司级单位主要企业负责人 30 平方米，其他企业负责人 18 平方米；县公司级单位企业负责人 18 平方米。

Q4 企业负责人参加培训或进行授课后有关培训费报销的具体规定是什么?

答:（1）授课费。在公司系统内进行授课，不得领取授课费；在公司系统外单位授课，按照培训单位规定执行。

（2）专家咨询费、评审费、职（执）业资格取证费。严禁领取培训开发项目专家咨询费、评审费，严禁报销个人有关职（执）业资格取证费用。

（3）因培训产生的差旅费。各级企业负责人参加国网公司系统内异地培训或进行授课产生的交通、食宿等差旅费用，可在职教经费列支，标准按照财务有关规定执行。

Q5 企业负责人业务招待费具体规定有哪些?

答：执行国网公司接待工作管理办法的相关规定。公务接待标准，各单位以不超过当地党委政府接待费用标准执行；内部接待标准，原则上在单位内部食堂与基层单位职工以同样标准就餐。餐费均由个人承担。

Q6 企业负责人国内差旅费用如何管理?

答:（1）执行国网公司差旅费管理办法的相关规定，交通费和住宿费在规定标准内凭据报销，伙食补助费和公杂费实行定额包干。国内差旅费开支范围包括企业负责人出差期间的交通费、住宿费、伙食补助费和公杂费。

（2）各级单位企业负责人不得在所属单位报销差旅费用，不得报销出差期间发生的与差旅活动无关的费用。

Q7 企业负责人因公临时出国（境）执行什么规定?

答：企业负责人因公临时出国（境）指企业负责人出国（境）处理本单位和所属单位境外经营管理业务以及参加培训、会议等活动。出访和随行人员等事项严格执行国网公司因公出国（境）管理办法，费用支出严格执行国网公司因公出

国（境）经费管理办法，严格遵守经费预算、支出、使用、核算等财务制度，严禁超标准接待。

Q8 企业负责人通信费支出规定是什么？

答：（1）企业负责人通信费用支出包括因履行工作职责发生的移动通信费和住宅通信费。

（2）企业负责人通信费用在年度通信费用预算内据实报销，不得超过本级单位企业负责人通信费限额标准。

（3）不得以任何名目为企业负责人发放通信补贴。市场化选聘的企业负责人，其薪酬体系中已包括通信补贴的，不再报销通信费用或者另行发放通信补贴。

第七章 员 工 奖 惩

Q1 可以设哪些评比表彰项目？

答：按照《关于进一步清理规范评比表彰工作的通知》（国家电网党〔2019〕172 号）要求，国网公司对评比表彰工作进行再清理、再精简、再规范。

1. 国网公司总部评比表彰项目及规模

国网公司层级目前可实施表彰项目分为四大类（生产经营、党群工作、成果创新、创优示范）共 39 项；原则上单个项目年均表彰数量，先进集体不超 100 个，先进个人不超 100 人，成果创新和创优示范类项目不超 60 个，并按照国家级奖项设置，延长部分项目评选周期。

（1）生产经营类评比表彰项目，表彰对象为企业生产经营活动中贡献突出的集体和个人，共设置 16 项，其中：综合性表彰项目设置劳动模范、国网工匠、巾帼建功标兵、先进集体、工人先锋号、最美国网人、青年五四奖章（岗位能手）7 项；专项工作表彰项目，重点表彰在落实国家和公司重大战略任务、工程建设、政治保电、抗灾抢险等专项工作中做出突出贡献的集体和个人，每年不超过 4 项；竞赛表彰项目根据专业队伍建设需要确定，每年不超过 5 项。

（2）党群工作类评比表彰项目，表彰对象为党团工作和劳动竞赛活动中贡献突出、成绩优秀的集体和个人，共设置 9 项，分别为先进基层党组织、优秀共产党员、优秀党务工作者、优秀共产党员服务队、文明单位、五四红旗团委（团支部）、优秀共青团员、优秀共青团干部、“三型两网”劳动竞赛。

（3）成果创新类评比表彰项目，表彰对象为在科技创新、管理创新、发明创造等工作中成绩优秀的创新成果和人物，共设置 10 项，分别为技术发明奖、科技进步奖、专利奖、技术标准创新贡献奖、年度科技人物奖、软科学成果奖、管理创新成果奖、QC 小组成果奖、职工技术创新成果奖、青创赛。

（4）创优示范类评比表彰项目，表彰对象为在精益管理、企业文化、工程建设等工作中成绩优异的集体和项目，共设置 4 项，分别为企业文化建设示范点、精益管理红旗站、输变电优质工程奖、社会责任示范基地。

2．公司所属各级单位评比表彰项目及规模

根据国网公司总部评比表彰项目设置，进一步清理精简各级单位评比表彰项目及规模。

（1）表彰项目。进一步聚焦主营业务和中心工作，从严从紧设置表彰项目，原则上公司总部取消的表彰项目，各级单位均不再设置。

（2）表彰规模。先进集体表彰不得超过参评数量的 20%，省公司级单项表彰上限 60 个、地市县公司级单项上限 30 个；先进个人表彰不得超过参评数量的 10%，省公司级单项表彰上限 80 人、地市县公司级单项上限 40 人；成果创新类表彰，省公司级单项表彰上限 40 个，原则上地市县公司不再组织开展；创优示范类表彰，省公司级单项表彰上限 40 个、地市县公司级单项上限 20 个。

（3）表彰周期。各级单位表彰项目周期设置，不得低于公司总部表彰项目周期。

Q2 表彰评选程序是什么？

答：（1）制订并公布方案。员工奖惩工作办公室会同专业部门制定表彰方案（见表 7-1），并公布评选的范围、数量、条件和评审程序。

表 7-1　　公司级表彰项目设置一览表

<table>
<tr><th rowspan="2">表彰类别</th><th colspan="3">表彰项目</th></tr>
<tr><th>综合类表彰
（11 项）</th><th>专项工作类表彰
（不超过 3 项）</th><th>党团类表彰
（党团发文 6 项）</th></tr>
<tr><td rowspan="11">“三类”
表彰项目</td><td>1．先进单位</td><td rowspan="11">专项工作类表彰奖励项目设置根据落实公司发展战略、履行社会责任的需要，针对重大电网建设、重大安全生产风险防控、重要供电保障、突发事件处置等专项工作，经单位主要负责人批准设立，公司层面每年设置专项工作突出贡献单位（集体）、专项工作先进单位（集体），专项工作突出贡献个人、专项工作先进个人。
具体表彰项目公司每年四季度根据专项重点工作确定</td><td rowspan="2">1．先进基层党委、电网先锋党支部、优秀共产党员、优秀党务工作者</td></tr>
<tr><td>2．先进集体</td></tr>
<tr><td>3．先进班组（工人先锋号）</td><td rowspan="2">2．年度五四红旗团委、五四红旗团支部、优秀共青团员、优秀共青团干部</td></tr>
<tr><td>4．电网工匠</td></tr>
<tr><td>5．劳动模范</td><td rowspan="2">3．机关党委年度电网先锋党支部、优秀共产党员、优秀党务工作者</td></tr>
<tr><td>6．先进工作者</td></tr>
<tr><td>7．优秀班组长</td><td rowspan="2">4．“青创赛”金、银、铜奖、优秀组织奖</td></tr>
<tr><td>8．巾帼建功标兵</td></tr>
<tr><td>9．青年五四奖章</td><td rowspan="2">5．企业文化建设示范点</td></tr>
<tr><td>10．青年岗位能手</td></tr>
<tr><td>11．优秀领导干部</td><td>6．精神文明建设创新奖</td></tr>
<tr><td colspan="4">综合类、专项工作类、党团类表彰项目依据《国家电网公司表彰奖励工作管理办法》，按照先进单位、集体不超过参评总数的 20%，先进个人不超过参评人员总数 10% 的评选比例执行</td></tr>
</table>

续表

<table>
<tr><th rowspan="2">表彰类别</th><th colspan="2">表彰项目</th></tr>
<tr><th>项目成果类表彰（4 项）</th><th>竞赛类表彰（不超过 9 项）</th></tr>
<tr><td rowspan="4">其他表彰项目</td><td>1．年度战略研究优秀成果获奖项目</td><td rowspan="2">对照国网公司竞赛类项目设置，公司年度各类竞赛调考活动团体奖、个人奖</td></tr>
<tr><td>2．年度科学技术奖获奖项目</td></tr>
<tr><td>3．年度管理创新成果</td><td rowspan="2">工会结合公司年度重点工作开展的公司级劳动竞赛</td></tr>
<tr><td>4．年度 QC 成果</td></tr>
<tr><td colspan="3">项目成果类、竞赛类表彰奖励依据国网公司及公司对应项目管理办法执行。</td></tr>
</table>

注　1．公司每年根据国网公司表彰奖励项目计划安排，结合公司工作需要，对公司表彰项目进行适度调整；

2．公司级已确定的表彰项目原则上不变，特殊专业表彰项目可依据国网公司新规定和要求确定；

3．公司安全生产类表彰奖励依据公司安全工作奖惩规定执行。

（2）推选申报。推荐单位（部门）按照评选条件，在民主推荐的基础上，确定推荐对象，在本单位进行公示后，组织申报材料并上报。

推荐对象应按照管理权限，向纪检监察部门征求廉政审核意见，其中，各级领导干部应按照干部管理权限，征得组织人事部门同意。

（3）组织评审。员工奖惩工作办公室会同专业部门汇总、审核推荐材料，依据评选条件组织评审，经安全监察部门审核确认后，提出表彰建议名单。

（4）审定批准。员工奖惩工作领导小组或党组（委）会（总经理办公会）审定表彰建议名单，员工奖惩工作办公室印发表彰文件。

Q3 集体或个人参加表彰评选的前置条件是什么?

答：必须同时满足以下三个前置条件：

（1）上年度绩效为 C 级及以下的组织和个人不得参加表彰项目评选。

（2）表彰评选实行安全事故“一票否决”。对未实现安全目标的单位（集体），不得参加综合类和与安全责任直接相关的专业工作类表彰项目评选；对安全事故发生负有责任个人，不得参加各类表彰项目评选。

（3）处分期内受惩处人不得参加各类评优评先。

Q4 表彰奖励资金怎么列支?

答：按照《国网工会关于进一步规范和加强先进评选表彰工作的通知》（网工发〔2019〕27 号）规定，要严格评选表彰标准，坚持“谁授予、谁奖励”原则，严格按照标准发放物质奖励，建立表彰奖励资金台账，纳入工资总额管理，

在工资计划中单独列支，杜绝无计划、超标准或从其他非正规渠道发放奖励。

Q5 党内表彰奖励资金怎么列支？

答：按照《中共国网陕西省电力公司党组关于加强党组党费财务管理工作的通知》（陕电党〔2017〕73 号），公司党组表彰“电网先锋党支部”、优秀共产党员、优秀党务工作者的所需费用，从党组党费列支。奖励标准参照《国家电网公司表彰奖励工作管理办法》综合类表彰项目的规定标准，按照党费下拨程序转账至所在单位党委党费账户。

Q6 职工教育培训优秀学员奖励可在工资总额中列支吗？

答：不能在工资总额中列支。按照《国网陕西省电力有限公司关于工会经费收支实施细则》（陕电企管〔2022〕39 号）规定，工会用于开展政治、法律、科技、业务等专题培训和职工技能培训所需的教材资料、教学用品、场地租金等方面的支出，用于支付职工教育活动聘请授课人员的酬金，用于基层工会开展的职工素质提升补助和职工教育培训优秀学员的奖励可在工会经费中列支。其中，用于聘请授课人员的酬金按照公司教育培训管理的相关规定执行。专职工会干部、公司党委管理的领导干部及领取年薪的领导干部不得领取授课酬金。

Q7 合理化建议等群众性劳动竞赛活动奖励怎么列支？

答：按照《国网陕西省电力有限公司关于工会经费收支实施细则》（陕电企管〔2022〕39 号）规定，各级工会组织开展的合理化建议等群众性劳动竞赛活动可使用工会经费进行适当奖励。奖励范围不得超过参与参赛数量的 1/3，标准为单项奖最高不超过 10000 元、团体奖人均最高不超过 500 元。同时，可向未获得奖励的参赛人员发放不超过 100 元 / 人次的纪念品。领取年薪的领导干部不得领取奖励。

在开展以上活动时，可聘请相关专业人员（非本单位人员）作为评委，评审费高级专业技术职称人员最高不超过 2400 元 / 人天，其他专业人员为每人每天最高不超过 1500 元 / 人天。专职工会干部、党委管理的领导干部和领取年薪的领导干部不得领取评审费。

Q8 员工处分期、处分期内的限制条件及经济处罚是什么？

答：（1）按照《国家电网有限公司员工奖惩规定》（国网（人资 /4）148—2021），对员工的惩处主要包括组织处理、纪律处分和经济处罚三种方式，三种惩处方式可单独运用，也可并用。员工受到纪律处分和经济处罚，单位应书面通知本人。处分决定记入本人档案。处分期、处分期内限制条件及经济处罚相关规定明细表见表 7-2。

表 7-2　　处分期、处分期内限制条件及经济处罚相关规定明细表

纪律处分	处分期	处分期内限制条件						经济处罚
		晋升职务职员职级	提高岗位层级	工作调动	获评职称人才选拔	评优评先	提高薪酬待遇	
警告	6 个月	×	×	×	×	×	√	扣发 2 个月绩效薪金（对应扣发月份的季度、年度绩效薪金一并扣除）
记过	12 个月	×	×	×	×	×	×	扣发 4 个月绩效薪金（对应扣发月份的季度、年度绩效薪金一并扣除）
记大过	18 个月	×	×	×	×	×	×	扣发 6 个月绩效薪金（对应扣发月份的季度、年度绩效薪金一并扣除）
降职（降级）	24 个月	×	×	×	×	×	×	薪酬待遇按降职（降级）后实际职务（岗位）计发
撤职	24 个月	×	×	×	×	×	×	薪酬待遇按撤销职务后聘用的岗位计发
留用察看	一年或二年	×	×	×	×	×	×	受处分期间，按当地最低工资标准发放工资

（2）处分期内受惩处人员不得晋升岗位层级和职称，不得参加各类专家人才选拔和评优评先，不得进行工作调动；被记过、记大过、降职（降级）、撤职的，处分期内不得提高薪酬待遇。

Q9 员工违规从事或参与营利性活动如何惩处?

答：按照《国家电网有限公司关于员工违规从事或参与营利性活动的惩处补充规定》（国家电网企管〔2024〕200 号），员工违规从事或参与营利性活动的惩处如下：

（1）未给企业造成不良影响或经济损失的，对于直接责任人给予警告处分。

（2）给企业造成一定影响或一般经济损失的，对于直接责任人给予记过或记大过处分；对于相关责任人给予警告或记过处分。

（3）给企业造成较大影响或较大经济损失的，对于直接责任人给予降职

（降级）、撤职或留用察看处分；对于相关责任人，视情节轻重，给予警告至撤职处分。

（4）给企业造成重大及以上影响或经济损失的，对于直接责任解除劳动合同；对于相关责任人，视情节轻重，给予警告至留用察看处分。

处分期、处分期内限制条件及经济处罚按照《国家电网有限公司员工奖惩规定》（国网（人资/4）148—2021）相关规定执行。

第八章　人工成本效率

Q1 企业为员工支出的人工成本除了工资还有哪些?

答：人工成本，是在一定周期内企业在生产经营和提供劳务活动中使用劳动力而发生的各项直接和间接的费用总和。以职工人工成本为例，主要包括工资总额、社保费用、公积金费用、福利费用、教育经费、工会经费、劳动保护费用等七大项。其中，工资总额是人工成本的最主要的构成项目，也是除劳动保护费外，其他人工成本项目计提和缴费的基础。

Q2 一般用哪几个指标分析评价企业人工成本效益?

答：人工成本效益指标是人工成本分析的核心指标，是进行企业人工成本分析控制常用的指标，是一组能够将人工成本与经济效益联系起来的相对数。常用指标主要是人事费用率、劳动分配率、人工成本利润率三项，理想的人工成本管控结果应呈“两低一高”状态，即低人事费用率、低劳动分配率、高人工成本利润率。

1. 人事费用率

指一定时期内企业生产和销售的总价值中用于支付人工成本的比例，低人事费用率为理想状态。计算公式：人工成本 / 营业收入 ×100%。

2. 劳动分配率

反映人工成本占各单位增加值的比重，低劳动分配率为理想状态。计算公式：人工成本 / 劳动生产总值 ×100%。

其中，劳动生产总值是指企业在报告期内以货币表现的生产活动的最终成果，是企业全部生产活动的总成果扣除了在生产过程中消耗或转移的物质产品和劳务价值后的余额，是企业生产过程中新增加的价值。劳动生产总值＝营业利润＋计提固定资产折旧＋应发职工薪酬总额＋政府补助＋应交税费－应交所得税－境外税费指标中的应交税费总额－公允价值变动收益＋应交所得税（境外）－净敞口套期收益。

3．人工成本利润率

指企业付出的人工成本代价与企业最终获得的以利润显示的经济效益之间的对应关系，高人工成本利润率为理想状态。计算公式：利润总额 / 人工成本 ×100%。

Q3 国网公司对各省公司级单位的人工成本投入产出效率怎么评价？

答：国务院国资委明确要求中央企业要加强企业人工成本监测预警，建立全口径人工成本预算管理制度，严格控制人工成本不合理增长，不断提高人工成本投入产出效率。

国网公司使用人均人工成本投入指数和人工成本投入产出效率指数两个指标综合评价各省公司级单位人工成本投入产出效率。其中，人均人工成本投入指数等于人均人工成本 / 所在地社平工资，人工成本投入产出效率指数等于 1/（人事费用率 × 权重 1 ＋人工成本利润比 × 权重 2 ＋劳动分配率 × 权重 3）。

国网公司根据人均人工成本投入指数和人工成本投入产出效率指数的中位值，将各省级单位划入人工成本投入产出“四区”（良性区、警戒区、双低区、双高区），并分别确定人工成本投入规则。其中，对位于良性区（低人工成本投入、高人工成本效率）的单位，人工成本投入合理增长；对位于警戒区（高人工成本投入、低人工成本效率）的单位，人工成本投入零增长；对位于双低区（低人工成本投入、低人工成本效率）、双高区（高人工成本投入、高人工成本效率）的单位，严控人工成本投入增长。人工成本投入“四区”划分见图 8-1。

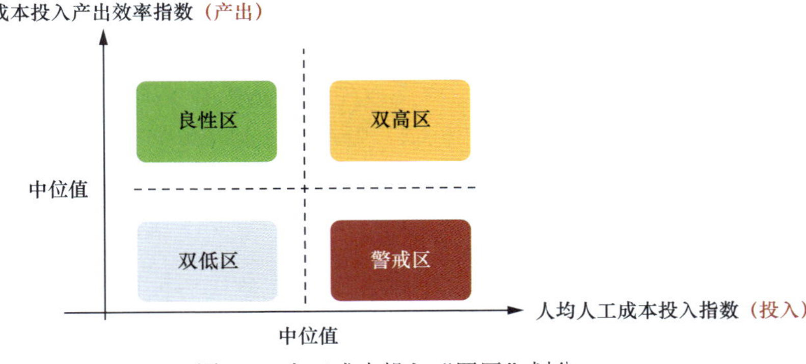

图 8-1　人工成本投入“四区”划分

第九章 “三项制度”改革

Q1 什么是“三项制度”改革？

答：“三项制度”改革是指国有企业针对劳动、人事、分配等方面开展的内部变革，是建设现代企业制度、形成协调均衡法人治理结构和灵活高效市场化经营机制的重要举措。自1978年以来，我国的国有企业改革大致可以分为放权、现代化、股份制、全面深化改革等四个阶段，“三项制度”改革作为一条主线贯穿于国资国企改革始终。

Q2 国网公司“三项制度”改革目标是什么？

答：核心是形成“六能”（能上能下、能进能出、能增能减）常态运行机制，进一步拓宽干部员工发展通道、盘活内部人力资源存量，合理拉开收入差距，不断提升组织运行效率和员工发展活力，为建设具有中国特色国际领先的能源互联网企业提供坚强保障。

“能上能下”是指健全市场化选人用人机制、淘汰机制和契约化考评体系，畅通岗位（职务）、职员职级、专家人才三个发展通道，通过组织选拔、竞聘上岗等方式，公平、公正地选拔人才，能者上、庸者下，变身份管理为岗位管理，实现员工在岗位层级、职员层级、专家层级的上下流动，提升用工活力。

“能进能出”是构建市场化劳动用工管理体系的重要内容，是“三项制度”改革在劳动用工方面的目标之一，其含义是企业通过强化合同管理、岗位管理、推行公开招聘制度、构建内部流动机制、畅通员工退出通道等工作，推进市场化用工、契约化管理，实现用工总量控制合理，员工入口公开平等、内部流动科学高效、人员结构配置优化、员工出口畅通有序。

“能增能减”主要包括企业工资总额、员工薪酬等方面的能增能减。企业工资总额能增能减，是指通过建设与企业经营效益、劳动效率挂钩的工资总额分配模型，实现工资总额向“业绩好、效率高”的单位倾斜，实现“业绩升、工资升，业绩降、工资降”。员工薪酬能增能减，是指通过建立与员工岗位价值、

绩效贡献、能力素质紧密联动的薪酬激励机制，合理拉开同层级不同绩效和能力员工的薪酬差距，做到岗变薪变，该高的高、该低的低，充分激发员工队伍动力活力。

Q3 国网公司如何评估各级单位“三项制度”改革成效?

答：国网公司从制度建设、机制措施、改革成效、激励约束事项四个方面评估各单位“三项制度”改革成效。其中：

1．制度建设

（1）制度体系建设，包括选人用人制度、劳动用工制度、考核分配制度等。

（2）推进体系建设，包括领导机构、工作方案、工作计划、考评激励措施等。

2．机制措施

包括管理人员退出比例、实行任期制（聘任制）的经理层成员人数占比、绩效人员结果应用优先率、人员流动中公开竞聘人员占比、低绩效员工市场化退出比例、降岗待岗人员比率、高校毕业生招聘计划编制准确率、收入差距倍数、绩效工资占比等。

3．改革成效

包括劳动生产率、人工成本利润率、人事费用率等。

4．激励约束事项

（1）加分项包括在“六能”方面取得可复制可推广成效显著经验的、三改工作得到上级肯定和重点推荐推广的。

（2）减分项包括全员绩效考核未分覆盖、违规发放工资、应降岗未降等。

Q4 国网公司对各级单位三项制度改革成效评估结果如何应用?

答：评估结果分为A、B、C、D四个等级，纳入各单位企业负责人业绩考核。评估结果为A或进步显著的单位，予以通报表扬；评估结果为D的单位予以业绩考核扣分，从严管控工资总额预算增幅、取消各类试点企业的考核分配支持政策等。

Q5 “三项制度”改革后，员工收入是否一定增长?

答：“三项制度”改革后，员工收入应有升有降。“三项制度”改革还原的是公平正义、价值回报和多劳多得的市场化收入分配机制，“能干、肯干、会干”的员工收入会增长，“不会、少干、不干”的员工收入会降低。

Q6 什么是“五个倾斜”？

答：《国网陕西省电力公司关于印发强化“五个倾斜”指导意见的通知》（陕电人〔2021〕23号）明确，“五个倾斜”是指关键岗位、高端人才、生产一线、艰苦边远地区和克难攻坚者。让一线员工、关键群体能够感受到待遇的提高、发展的助力、能力的提升、队伍的补强、组织的关爱，引导员工牢固树立“一板一眼、一丝不苟、严精细实、专业专注”的工作作风，履职尽责、成长成才，夯实安全基础，支撑公司高质量发展。

Q7 “五个倾斜”的激励范围有哪些？

答：向关键岗位倾斜：重点是责任义务更重、技术含量更高、价值创造更大的专业岗位。

向高端人才倾斜：重点是在科技创新、技术革新、发明创造、核心技术攻关中实绩突出、能人所不能的人才。

向生产一线倾斜：重点是安全责任更重、驻扎现场更久、服务客户更多、距离设备更近的班站所和一线岗位。

向艰苦边远地区倾斜：重点是单位辖区内通勤时间最长、条件最苦、派人入职最难、流出情况最重的班站所和员工。

向克难攻坚者倾斜：重点是在急难险重任务、保电抗灾抢险、重大工程建设、重点项目攻坚、痛点难点问题解决中扛责任、当排头、勇争先的团队和个人。

Q8 “五个倾斜”薪酬考核激励内容有哪些？

答：（1）突出“挣工资”分配精准激励。要树立“业绩是干出来的，工资是挣出来的”理念。建立过程考核工资分配方案预审和明细备案机制，强化对各单位“挣工资”分配监督，保障奖励精准分配。增量工资突出向安全生产责任大、地域艰苦偏远的单位倾斜。各单位要完善内部绩效考核与薪酬挂钩分配办法，建立内部“挣工资”机制，分级核算绩效奖金包，突出考核及时性和导向性，将公司专项奖励精准兑现到人。坚持公开透明，将考核结果、工资明细反馈至中心（工区）、班组、个人，提高员工知晓度和获得感。

（2）突出安全生产奖惩精准激励。安全生产是公司一切工作的基础和保障，是电网企业发展的永恒主题。公司安全生产专项奖励提高过程奖励、专项奖励占比，重点对大力推进标准化作业、扎实开展“四双”管理、认真落实“四个管

住”的单位和个人进行奖励。将“三种人”激励纳入公司安全生产奖惩，提高奖励标准。各单位精准落实公司安全奖励，确保安全生产奖励不低于本单位工资总额的1.5%，一线人员奖励范围占比不低于70%、额度不低于80%，奖励精准到事、精准到人。

（3）提高一线岗位薪酬待遇。各单位三型及以上班组组长等核心技能岗位岗级上线较一般管理技术中级岗高1～2岗，一线绩优员工晋岗时间可缩短至2年。加大向艰苦偏远、工作任务重、安全压力大的一线岗位倾斜，以现场作业为主或者需24小时值班的生产一线岗位员工，各单位可上浮1～3个薪级。提高一线岗位绩效奖金基数，根据安全责任、工作强度、技术要求、艰苦偏远程度等因素，将生产一线岗位月度绩效奖金基数较平均水平提高5%～15%，分三档执行（5%、10%、15%）。

（4）加强供电服务职工薪酬管理。公司要修订供电服务职工薪酬制度，健全薪档晋升机制，职业成长薪档与技术能手、全能型供电服务职工、高技能人才等挂钩。各单位落实“结构化+包干制”薪酬激励机制，将“量价费损”管控要求贯穿至供电所和台区经理，将增量工资分配与乡镇供电所10千伏配电网运维、输电线路通道属地维护等工作质效挂钩，体现多劳多得。

（5）做实一线班组量化积分考核。量化积分考核是班组一线绩效管理的最有效工具。各单位将绩效管理作为班组长培训必修课，组织班组长学习应用绩效工具集，做实班组量化积分考核，打通绩效落地“最后一公里”。通过量化积分、以分计酬，准确衡量员工业绩贡献，拉开收入分配差距，解决平均分配、“大锅饭”问题。

Q9 员工职业成长发展主要内容有哪些？

答：（1）大力选拔任用一线优秀员工。领导人员和管理技术岗位人员选拔，原则上应具有一线工作经历，将生产一线、艰苦边远地区、班组长、“三种人”等工作经历作为岗位竞聘的业绩评价积分项或综合得分加分项，面向全口径用工，分专业选拔储备一批深耕专业领域、具有一定建树和影响力的优秀青年骨干，作为领军人才培养对象，让一线员工更有盼头、奔头、劲头。

（2）拓展一线优秀员工职业发展通道。全面推广技术专家、技能工匠职业成长通道，对长期扎根一线和艰苦边远地区的员工适当放宽评聘条件，让基层的坚守者、一线的奋进者、技术的带头人有更大的追梦舞台。

（3）托举一线青年员工加快成长。提高青年员工在一线岗位锻炼的职业发展积分权重，每年择优选拔不少于200名省、市两级工匠种子托举培养。地市级工匠种子，优先纳入后备班组长、技术专家和技能工匠序列管理，加大推优入党和荐才力度，激励青工立足一线提升技能、增长才干。

Q10 加强培训资源保障主要有哪些措施?

答:（1）提高一线素质培训投入。建立“一盘棋”及分层分级培训体系，打造施工现场实操集训、赴设备厂家送培、实操技能专项精练、新入职员工“技能训练营”等实训练兵示范项目。助力员工技能和安全履责能力提升。

（2）提高实训基地建设投入。打造“一市一品、全业务涵盖、全员共享”的实训资源体系。重点建设安全教育、变电运行、变电二次、变电检修、配电线路、带电作业、用电检查、装表接电等技能实训室，加大县公司、班站所实训设施投入，建设“身边的实训场所”。

（3）加大培训考核激励力度。完善培训考试和抽考机制，将员工考试抽考结果作为积分项，纳入专家工匠选拔、职称技能等级评定、绩效考评、薪酬分配、评先评优等各方面。

Q11 推动用工补足配强有什么举措?

答:（1）加强人力资源精准配置。制定公司劳动定员定额标准，指导各单位建立以业务量为基础的定员分解机制。各单位履行好班组设置和人员配置权责，根据班组实际承载业务量合理分解定员，按照定员组织生产，突出定员标准在用工配置中的导向作用。

（2）盘活内部存量。鼓励员工正向流动，上级流向下级单位、关中流向陕南陕北、西安流向其他地区，可不受工作年限限制。通过毕业生补充、内部调剂、组建柔性团队等方式，确保缺员班组承载力满足安全生产要求。推动相近专业间用工统筹调剂、超员地市公司员工向县公司流动。

（3）加大一线岗位补员力度。新进毕业生90%以上补充至运检、建设、调控、配电网等生产岗位。各单位优先配强缺员严重班组和核心生产专业。

Q12 实施综合激励有什么举措?

答:（1）拓展薪酬福利保障激励。创新柔性团队模式，丰富考核激励方式。

企业年金分配向国网级、省部级、国家级专家劳模倾斜，按先进奖励标准的 1 ～ 3 倍在企业年金中进行一次性激励。

（2）加大荣誉表彰激励。提高一线员工在各类评比表彰中占比，其中党团类表彰一线员工占比不低于 70%、青年类表彰一线员工占比不低于 80%。

（3）加强精神文化关怀。大力弘扬劳模劳动工匠精神，树立作风建设新标杆，引导全员立足岗位建功立业。

（4）坚持为员工办实事。办好心理疏导、健康行动、建设“智慧餐厅”、打造绿色办公环境、改造周转房等十件暖人心、聚人气的实事。

Q13 企业员工有哪些职业发展通道?

答：企业新入职员工可以通过“工匠之路”通道进行职业成长。具体来说，就是以青年员工入职 5 年为重点培养期，通过建立职业发展“双档案”（职业发展档案和职业积分档案）、推行职业成长“双师制”（职业规划导师和“师带徒”技能师傅），培育“工匠种子”，创建青年员工职业发展新机制。

企业一般员工主要有岗位（职务）、职员、人才三种职业发展通道。

（1）岗位（职务）通道，指的是员工通过组织调配、岗位竞聘等方式实现岗位层级由低层级向高层级晋升，并实现待遇提升的职业发展通道。

（2）职员通道，指的是员工岗位类别不发生变化，将绩效表现好、能力素质强的优秀员工聘任到相应的职级，主要目的是拓展各岗位类别优秀员工的职业成长空间。

（3）人才通道，指的是员工岗位层级不发生变化，通过获得“技术专家”“技能工匠”等不同层级人才称号取得相应待遇，主要目的是引导和激励优秀技术、技能人员扎根一线、提升技能、加强专业化建设。

这三种发展通道侧重于不同类型的人才培养，企业员工可以根据自身特点进行选择。

Q14 职业发展通道怎样实现晋升?

答：

1．岗位（职务）通道

通过内部人力资源市场公开竞聘或组织调配调整到更高层级岗位。

（1）单位负责人、职能部门（含内设处室）和实施机构（含专业室）负责人包括正职、副职两个岗位层级。岗位晋升一般对员工工作经历、工作年限、学历、职称、年龄、绩效等级等多方面进行综合考评，结合公司生产经营实际、定员定编数量、工作需要等情况，履行公司内部审批程序后进行择优选拔。

（2）职能部门、实施机构内部的管理、技术岗位分为高级岗、中级岗、初级岗三个岗位层级。岗位晋升一般通过对员工工作能力、工作业绩、岗位胜任情况等进行考核，结合高级岗设置比例限制等因素，由员工所在部门报送调整申请至组织部，履行内部审批程序后进行岗位晋升。同时，技能、服务类员工可以通过岗位竞聘调整至管理、技术类岗位。

（3）技能、服务班组内部的岗位分为班（站）长、副班（站）长、值班长（技术员、安全员、值长）、班站员（正值、副值、实习值班员）四个岗位层级。岗位晋升一般通过员工工作能力提升、工作内容变化、取得资质情况进行考核，其中晋升至班（站）长、副班（站）长需要通过岗位竞聘。由员工所在部门报送调整申请至组织部，履行内部审批程序后进行岗位晋升。

2．职员通道

职员职级由高到低依次为一至八级。各级职员职数按照机构设置和人员编制确定，占用所在机构的人员编制。由各级单位根据管理职责，结合工作需要，在员工符合工作岗位类别、工作年限、绩效等级、专业技术资格等条件的前提下，经考核择优聘任职员。

3．人才通道

国网公司所称人才包括系统外人才和系统内人才。系统外人才分为国家级、省部（行业）级、地市（厅局）级三个级别，系通过参加国家和各级地方政府组织的竞赛、选拔、评审等获得相应称号的人才。系统内人才分为国网公司级、省公司级、地市公司级、县公司级四个级别，系通过参加国网公司系统内各级单位组织的竞赛、选拔、评审等获得称号的人才；主要包括各级技术能手、工匠、青年岗位能手等，以及通过逐级推荐、择优评选产生的德才兼备、业务精通、贡献突出的公司专家人才。

公司专家人才分“三类六级”。“三类”：管理类、技术类、技能类，“六级”：一至六级。称号分别为一至六级管理领军、一至六级技术专家、一至六级技能工匠。

其中：一级为国网公司级专家人才，系经公司推荐参加国网公司选拔获得“中国电科院院士”“首席专家”称号的专家人才；二、三级为省公司级专家人才；四、五级为地市公司级专家人才；六级为县公司级专家人才，只在县公司评选。除中国电科院院士称号长期保留外，其他专家人才每届聘期三年，到期自动解聘。二至六级均不可与领导职务、职员职级兼任。

Q15 岗位（职务）通道待遇如何执行？

答：公司各岗位层级执行相应岗位薪点工资岗级区间，以各级组织机构的标杆岗位岗级为基准，根据岗位职责、工作强度、工作难度、工作环境等要素进行评价，各层级岗位的岗级按照浮动区间逐层递减，界定岗位在组织中的相对价值。

Q16 各级职员、专家待遇如何执行？

答：（1）职员待遇。职员待遇按照公司有关规定执行。执行年薪制的各级企业负责人，聘任期间年薪在原职务对应比例的基础上上调 1 个百分点。执行岗位绩效工资制的人员，在现薪级基础上增加 1 级，月度、季度奖金分配系数适度调增。三级职员参照三级领导人员标准享受“福利待遇”。

（2）专家人才待遇。各级专家薪酬待遇标准参照对应级别职员平均薪酬水平执行。

一级专家人才薪酬待遇，按照国网公司规定执行。首次入选中国电科院院士、首席专家，予以一次性奖励。中国电科院院士在职期间享受津贴；退休后，学术聘任期间，每年按标准发放补贴；两院院士兼任的，不重复发放。首席专家在职期间薪酬待遇参照本单位一级职员标准确定；退休后，学术聘任期间，每年按标准发放补贴。

二至六级专家人才薪酬待遇，专业管理类二、三级专家人才薪酬按照相应职员管理要求兑现；其他专家人才实行“当期兑现 80% ＋延期兑现 20%”，延期兑现部分与考核结果挂钩。

专家人才福利待遇，一、二级专家人才聘期内享受所在单位正职体检待遇，可额外享受 1 次荣誉健康疗养。一级专家人才企业年金单位缴费金额增加先进奖励标准的 1 倍，并计入本人账户。

Q17 内部人力资源市场有几种配置方式？

答：内部人力资源市场是指在公司范围内，以人力资源配置“高质量、高效率”为目标，通过人力资源供需平台，运用组织行为或市场化机制开展员工流动，盘活存量，优化配置，促进人力资源高效利用，实现供需平衡的内部机构、场所及相关活动的总和。有岗位竞聘、挂职锻炼、人才帮扶、劳务协作、人员借用、组织调配等六种配置方式。

Q18 内部人力资源市场考核激励的主要内容是什么?

答：从单位、员工两个维度看，内部人力资源市场考核激励内容如表 9-1 所示。

表 9-1　　内部人力资源市场考核激励的主要内容

维度	内容
单位	定期展示各单位效率效益提升、用工总量、配置优化等指标
	按年度开展评价并发布评价结果
员工	对异地挂职锻炼、人才帮扶、劳务协作的员工进行差异化积分，积分结果与岗位绩效工资挂钩
	对异地挂职锻炼、人才帮扶、劳务协作的员工，发放生活补助费、节日慰问费、伙食补助费、一次性防寒装备费。经组织安排到异地借用人员享受伙食补助费
	对各类配置方式中绩效表现优秀的员工，在职务（职级）晋升、职员评选、专家人才选拔或岗位竞聘时，同等条件下优先录用
	对绩效考核结果较差的员工纳入降岗、待岗管理，特别差的员工解除劳动合同

Q19 企业年金激励机制是什么?

答：企业年金指企业及其职工在依法参加基本养老保险的基础上，自主建立的补充养老保险制度。国网公司要求切实发挥企业年金中长期激励功能，企业年金单位缴费分配与职工个人贡献挂钩，向关系企业长期发展的优秀人才、核心骨干、绩优员工等适度倾斜，合理拉开分配差距，体现价值贡献。

（1）2020 年公司为进一步完善长效激励机制，充分调动职工的劳动积极性，根据《中华人民共和国劳动法》（中华人民共和国主席令第 28 号）、《企业年金办法》（人力资源和社会保障部令第 36 号）、《关于贯彻实施 < 企业年金办法 > 有关问题的通知》（陕人社函〔2018〕466 号）和《国网人资部关于调整企业年金缴费标准的通知》（人资薪〔2018〕94 号）等法律、法规和政策文件规定，结合实际修订了《国网陕西省电力公司企业年金方案》。根据企业人才战略和薪酬管理办法、企业年度考核等情况，结合当年度企业年金单位企业账户的资金情况，按照“效率优

先、兼顾公平，激励先进、持续有效”的原则，对当年度荣获国家级、省部级和国网公司三个层级的“专家人才”和“劳动模范”称号的参加采用定额标准法奖励，若一人获得多个荣誉称号，则取最高分配方式进行激励。奖励标准原则上按《国家电网有限公司表彰奖励工作管理办法》关于国网公司级劳动模范的相关奖励规定执行，其中：对获得国网公司级专家 / 劳模的个人，单位缴费金额增加奖励标准 ×100%；获得省部级专家 / 劳模的个人，单位缴费金额增加奖励标准 ×200%；获得国家级专家 / 劳模的个人，单位缴费金额增加奖励标准 ×300%。

（2）国网公司相关奖励政策和标准调整时，本奖励标准相应调整。

Q20 什么是中长期激励?

答:《国家电网有限公司中长期激励管理办法》[国网（人资 /4）1071—2022]明确，中长期激励是指为吸引和留住企业核心骨干人才，支撑促进企业科技研发、创新创效，通过股权、分红等激励方式，绑定员工个人利益与企业中长期发展目标，形成利益共享、风险共担的市场化薪酬激励机制。

Q21 国网公司推行的中长期激励都包括哪些方式?

答：国网公司推行的中长期激励主要包括科技型企业分红激励、科技型企业股权激励、上市公司股权激励、混合所有制企业员工持股、项目跟投、超额利润分享等六种激励方式。

（1）科技型企业分红激励，包括岗位分红激励和项目收益分红激励两种方式。岗位分红激励是指国有科技型企业以经营收益为标的，按照岗位在科技研发和成果转化中的重要性和贡献，确定岗位分红标准的一种中长期激励方式。项目收益分红激励是指国有科技型企业通过成果转让（许可）、作价投资、自行或合作实施等方式进行职务科技成果转化，以转化收益为标的，确定项目收益分红标准的一种中长期激励方式。

（2）科技型企业股权激励，是指国有科技型企业以本企业股权为标的，采取股权出售、股权奖励、股权期权等方式，对企业重要技术人员和经营管理人员实施的一种中长期激励方式。

（3）上市公司股权激励，是指上市公司以本公司股票为标的，采取限制性股票、股票期权、股票增值权等方式，对董事、高级管理人员及管理、技术和业务骨干实施的一种中长期激励方式。

（4）混合所有制企业员工持股，是指实施混合所有制改革的非上市企业员工出资认购本企业股权，通过员工持股管理委员会等主体托管运作、集中管理，享有股份增值权、收益权、转让权、表决权等权利的一种中长期激励方式。

（5）项目跟投，是指企业员工出资与所在企业共同投资创新业务项目，根据出资额所占比重分享投资收益、承担投资风险的一种中长期激励方式。

（6）超额利润分享，是指企业综合考虑战略规划、业绩考核指标、历史经营数据和本行业平均利润水平，合理设定目标利润，并以企业实际利润超出目标利润的部分作为超额利润，按约定比例提取超额利润分享额，分配给激励对象的一种中长期激励方式。

Q22 哪些人可以享受中长期激励?

答：国网公司中长期激励主要针对企业核心骨干人才。

（1）科技型企业分红激励、科技型企业股权激励主要激励在科技创新和科技成果转化过程中发挥重要作用的科研技术人员、高技能人才、科研管理骨干。

（2）上市公司股权激励、混合所有制企业员工持股主要激励对企业经营业绩和持续发展有直接较大影响的经营管理人员、核心科技人员和重要业务骨干。

（3）项目跟投、超额利润分享主要激励对企业经营业绩和持续发展有直接较大影响的经营管理人员、重要业务骨干。

Q23 上述六种中长期激励方式可以并行吗?

答：国网公司要求各级单位应当结合自身实际，在同一时期选取一种中长期激励方式，对同一激励对象只给予一次激励。

Q24 哪些人不得作为中长期激励对象?

答：国网公司明确，各单位不得面向全体员工及下列五类人员实施中长期激励：

（1）企业监事、独立董事。

（2）国资委任命的中央企业管理人员。

（3）公司党组管理干部。

（4）与科技研发、成果转化、创新创效无直接关联的行政、职能部门管理人员。

（5）其他不得成为激励对象的企业员工。

Q25 国网公司对规范中长期激励的要求是什么?

答:（1）严格审批实施流程。各省级公司组织符合实施中长期激励条件的单位制订中长期激励实施方案，经国网公司审核后，报国务院国资委审批备案，国网公司根据国务院国资委审批意见批复各单位，相关单位按照国网公司批复组织实施中长期激励方案。国网公司于每年财务决算完成后，组织实施中长期激励的单位开展年度考核兑现。相关单位根据考核结果，按激励实施方案兑现激励金额，年底前向国网公司报告年度中长期激励实施情况。

（2）严肃监督检查。国网公司将中长期激励纳入收入分配监督检查事项范围，采取抽查和专项检查等方式，对各单位实施情况进行监督评估，实行动态管理。对违反法律法规及政策规定、损害国有资产权益的单位，将责令调整或终止方案，并追究相关单位和人员责任。

第十章 合规管理

Q1 公司薪酬管理负面清单包括哪些内容?

答：2017年公司总结历次内外部巡视巡查、审计检查发现问题，依据有关政策规定，印发《国网陕西省电力公司关于进一步规范薪酬管理工作的通知》（陕电人〔2017〕132号），建立薪酬管理负面清单，要求各单位落实好清单涉及的十个方面二十五项“不得”，做到不越红线、不碰底线。

（1）严格执行工资总额计划。各级单位必须严格在上级主管单位下达的工资总额计划范围内执行工资发放，不得违反规定超提、超计划发放工资；不得产生新的工资结余或将未使用完的工资挂往来账。

（2）严格规范工资列支渠道。所有工资性支出要严格按照有关财务制度规定，全部纳入工资总额核算，支出前须经本单位人资部门审签，除国家规定外，不得以任何理由、任何形式在成本中列支其他工资性支出；不得从农村电网维护管理费或外部劳务费中列支长期职工工资。

（3）严格执行岗位绩效工资制度。各单位要贯彻落实工资集中审核发放要求，严格执行国网公司工资项目名录，不得擅自设置工资项目；不得未经公司核准新增津补贴项目、自行提高津补贴标准、扩大津补贴项目执行范围，违规发放相关人员薪酬。

（4）严格执行社会保障标准。如实做好收入统计，按时足额缴纳各项社会保险，不得漏缴、少缴；加强补充保险和住房公积金管理，不得超标准、超比例缴纳。

（5）严格执行企业负责人薪酬标准。各单位要严格按照上级单位核定的薪酬方案兑现企业负责人薪酬，不得在规定薪酬项目外自行设定薪酬项目；不得领取年度薪酬核定方案所列收入以外的其他货币性收入；企业负责人在下属全资、控股、参股企业兼职或在本企业外的其他单位兼职的，不得在兼职企业（单位）领取工资、奖金、津贴等任何形式的报酬；不得擅自领取由地方政府

或有关部门发放的奖金及实物奖励；企业负责人退休后，自下发职务调整通知文件次月起，按规定领取养老金的，除按其在企业负责人岗位实际工作月数计提的薪酬和薪酬延期兑现部分外，不得继续在原企业及其出资企业领取薪酬。

（6）严格执行企业负责人保险待遇。不得为企业负责人出资缴纳应当由个人承担的个人所得税、社会保险、企业年金和住房公积金等各种税费；不得超标准为企业负责人建立企业年金；不得为企业负责人购买商业性保险等。

（7）严格规范企业负责人履职待遇和业务支出。不得按照职务为企业负责人个人设置定额消费或超标准报销业务支出；不得用公款支付履行工作职责之外、应由个人承担的各种消费费用，坚决制止与企业经营管理无关的各种消费行为。

（8）严格规范主业与集体企业的利益关系。在主业岗位工作人员不得由集体企业列支薪酬；不得通过集体企业向主业返还货币资金或实物；不得通过集体企业以发放购物卡、消费券、实物或购买商业保险等形式为主业长期职工获取福利。

（9）严格规范农电用工薪酬管理。不得擅自设置超出公司规定范围的农电用工工资项目或超标准列支农电用工解除劳动合同经济补偿金；各地市供电公司要规范农电用工考勤管理，健全加班和年休假审批程序，不得发生违反国家关于加班和年休假待遇相关法律法规的情况。

（10）严格规范劳务派遣用工薪酬管理。非劳务派遣人员，不得在外部劳务费中列支工资性收入；劳务派遣协应规范完整，不得超标准、超范围支付劳务派遣用工工资费用。

Q2 国网公司关于资金管理方面的责任追究情形有哪些?

答：按照《国家电网有限公司违规经营投资责任追究实施办法（试行）》（国家电网办〔2019〕32 号）规定，资金管理方面的责任追究情形如下：

（1）违反决策和审批程序或超越权限筹集和使用资金。

（2）违反规定以个人名义留存资金、收支结算、开立银行账户等。

（3）设立“小金库”。

（4）违反规定集资、发行股票或债券、捐赠、担保、委托理财、委托贷款、拆借资金或开立信用证、办理银行票据等。

（5）虚列支出套取资金。

（6）违反规定超发、滥发职工薪酬福利。

（7）因财务内控缺失或未按照财务内控制度执行，发生挪用、侵占、盗取、欺诈等。

Q3“四风”问题是指什么?

答:“四风”问题指的是形式主义、官僚主义、享乐主义、奢靡之风。

Q4 中央八项规定指什么?

答：2012 年 12 月 4 日，中共中央政治局审议通过的《关于改进工作作风、密切联系群众的八项规定》的简称。

主要内容包括八个方面：

（1）要改进调查研究，到基层调研要深入了解真实情况，总结经验、研究问题、解决困难、指导工作，向群众学习、向实践学习，多同群众座谈，多同干部谈心，多商量讨论，多解剖典型，多到困难和矛盾集中、群众意见多的地方去，切忌走过场、搞形式主义；要轻车简从、减少陪同、简化接待，不张贴悬挂标语横幅，不安排群众迎送，不铺设迎宾地毯，不摆放花草，不安排宴请。

（2）要精简会议活动，切实改进会风，严格控制以中央名义召开的各类全国性会议和举行的重大活动，不开泛泛部署工作和提要求的会，未经中央批准一律不出席各类剪彩、奠基活动和庆祝会、纪念会、表彰会、博览会、研讨会及各类论坛；提高会议实效，开短会、讲短话，力戒空话、套话。

（3）要精简文件简报，切实改进文风，没有实质内容、可发可不发的文件、简报一律不发。

（4）要规范出访活动，从外交工作大局需要出发合理安排出访活动，严格控制出访随行人员，严格按照规定乘坐交通工具，一般不安排中资机构、华侨华人、留学生代表等到机场迎送。

（5）要改进警卫工作，坚持有利于联系群众的原则，减少交通管制，一般情况下不得封路、不清场闭馆。

（6）要改进新闻报道，中央政治局同志出席会议和活动应根据工作需要、新闻价值、社会效果决定是否报道，进一步压缩报道的数量、字数、时长。

（7）要严格文稿发表，除中央统一安排外，个人不公开出版著作、讲话单行本，不发贺信、贺电，不题词、题字。

（8）要厉行勤俭节约，严格遵守廉洁从政有关规定，严格执行住房、车辆配备等有关工作和生活待遇的规定。

查处违反中央八项规定精神问题是纠正“四风”问题的具体抓手。

Q5 中央列出违反八项规定清单 80 条的具体内容是什么?

答:（1）经费管理。

1）严禁以各种名义突击花钱和滥发津贴、补贴、奖金、实物。

2）严禁用公款购买、印制、邮寄、赠送贺年卡、明信片、年历等物品。

3）严禁用公款购买赠送烟花爆竹、烟酒、花卉、食品等年货节礼（慰问困难群众职工不在此限）。

4）依法取得的各项收入必须纳入符合规定的单位账簿核算，严禁违规转移到机关所属工会、培训中心、服务中心等单位账户使用。

5）严禁超预算或无预算安排支出，严禁虚列支出、转移或者套取预算资金。

6）严格控制国内差旅费、因公临时出国费、公务接待费、公务用车购置及运行费、会议费、培训费等支出，年度预算执行中不予追加。

7）严格开支范围和标准，严格支出报销审核，不得报销任何超范围、超标准以及与相关公务活动无关的费用。

8）政府采购严格执行经费预算和资产配置标准，合理确定采购需求，不得超标准采购，不得超出办公需要采购服务。

9）严格执行政府采购程序，不得违反规定以任何方式和理由指定或者变相指定品牌、型号、产地。

（2）公务接待。

1）严禁用公款大吃大喝或安排与公务无关的宴请；严禁用公款安排旅游、健身和高消费娱乐活动。

2）禁止异地部门间没有特别需要的一般性学习交流、考察调研，禁止违反规定到风景名胜区举办会议和活动。

3）对无公函的公务活动不予接待，严禁将非公务活动纳入接待范围。

4）不得用公款报销或者支付应由个人负担的费用；不得要求将休假、探亲、旅游等活动纳入国内公务接待范围。

5）不得在机场、车站、码头和辖区边界组织迎送活动，不得跨地区迎送，不得张贴悬挂标语横幅，不得安排群众迎送，不得铺设迎宾地毯。

6）住宿用房以标准间为主，接待省部级干部可以安排普通套间，不得额外配发洗漱用品。

7）接待对象应当按照规定标准自行用餐，接待单位可以安排工作餐一次。接待对象在 10 人以内的，陪餐人数不得超过 3 人；超过 10 人的，不得超过接待对象人数的 1/3。

8）工作餐应当供应家常菜，不得提供鱼翅、燕窝等高档菜肴和用野生保护动物制作的菜肴，不得提供香烟和高档酒水，不得使用私人会所、高消费餐饮场所。

9）国内公务接待的出行活动应当安排集中乘车，合理使用车型，严格控制随行车辆。

10）公务接待费用应当全部纳入预算管理，单独列示。

11）禁止在接待费中列支应当由接待对象承担的差旅、会议、培训等费用，禁止以举办会议、培训为名列支、转移、隐匿接待费开支；禁止向下级单位及其他单位、企业、个人转嫁接待费用，禁止在非税收入中坐支接待费用；禁止借公务接待名义列支其他支出。

12）接待单位不得超标准接待；县级以上地方党委、政府按照当地会议用餐标准制定公务接待工作餐开支标准。

13）接待单位不得组织旅游和与公务活动无关的参观，不得组织到营业性娱乐、健身场所活动，不得安排专场文艺演出，不得以任何名义赠送礼金、有价证券、纪念品和土特产品等。

14）公务活动结束后，接待单位应当如实填写接待清单。接待清单包括接待对象的单位、姓名、职务和公务活动项目、时间、场所、费用等内容。

15）接待费报销凭证应当包括财务票据、派出单位公函和接待清单。

（3）会议活动。

1）会议费预算要细化到具体会议项目，执行中不得突破。会议费应纳入部

门预算，并单独列示。

2）二、三、四类会议会期均不得超过 2 天；传达、布置类会议会期不得超过 1 天。会议报到和离开时间，一、二、三类会议合计不得超过 2 天，四类会议合计不得超过 1 天。

3）二类会议参会人员不得超过 300 人，其中，工作人员控制在会议代表人数的 15% 以内；三类会议参会人员不得超过 150 人，其中，工作人员控制在会议代表人数的 10% 以内；四类会议参会人员视内容而定，一般不得超过 50 人。

4）各单位会议应当到定点饭店召开，按照协议价格结算费用。未纳入定点范围，价格低于会议综合定额标准的单位内部会议室、礼堂、宾馆、招待所、培训中心，可优先作为本单位或本系统会议场所。

5）会议费开支范围包括会议住宿费、伙食费、会议室租金、交通费、文件印刷费、医药费等。

6）会议费由会议召开单位承担，不得向参会人员收取，不得以任何方式向下属机构、企事业单位、地方转嫁或摊派。

7）会议费报销时应当提供会议审批文件、会议通知及实际参会人员签到表、定点饭店等会议服务单位提供的费用原始明细单据、电子结算单等凭证。

8）严禁各单位借会议名义组织会餐或安排宴请；严禁套取会议费设立“小金库”；严禁在会议费中列支公务接待费。

9）各单位应严格执行会议用房标准，不得安排高档套房；会议用餐严格控制菜品种类、数量和分量，安排自助餐，严禁提供高档菜肴，不安排宴请，不上烟酒；会议会场一律不摆花草，不制作背景板，不提供水果。

10）不得使用会议费购置电脑、复印机、打印机、传真机等固定资产以及开支与本次会议无关的其他费用；不得组织会议代表旅游和与会议无关的参观；严禁组织高消费娱乐、健身活动；严禁以任何名义发放纪念品；不得额外配发洗漱用品。

11）未经批准，党政机关不得举办各类节会、庆典活动，不得举办论坛、博览会、展会活动。

12）严禁使用财政性资金举办营业性文艺晚会。

13）严格控制和规范各类评比达标表彰活动，实行中央和省两级审批制度。

14）各级党政机关一律不得到八达岭一十三陵、承德避暑山庄外八庙、五台山、太湖、普陀山、黄山、九华山、武夷山、庐山、泰山、嵩山、武当山、武陵源（张家界）、白云山、桂林漓江、三亚热带海滨、峨眉山一乐山大佛、九寨沟一黄龙、黄果树、西双版纳、华山21个风景名胜区召开会议。

15）地方各级党政机关的会议一律在本行政区域内召开，不得到其他地区召开；因工作需要确需跨行政区域召开会议的，必须报同级党委、政府批准。

16）严禁超出规定时限为参会人员提供食宿，严禁组织与会议无关的参观、考察等活动。

17）严禁在会议费、培训费、接待费中列支风景名胜区等各类旅游景点门票费、导游费、景区内设施使用费、往返景区交通费等应由个人承担的费用。

（4）公务出差。

1）出差人员应当按规定等级乘坐交通工具。未按规定等级乘坐交通工具的，超支部分由个人自理。

2）出差人员应当在职务级别对应的住宿费标准限额内，选择安全、经济、便捷的宾馆住宿。

3）伙食补助费按出差自然（日历）天数计算，按规定标准包干使用。

4）出差人员应当自行用餐。凡由接待单位统一安排用餐的，应当向接待单位交纳伙食费。

5）市内交通费按出差自然（日历）天数计算，每人每天80元包干使用。

6）出差人员由接待单位或其他单位提供交通工具的，应向接待单位或其他单位交纳相关费用。

7）出差人员应当严格按规定开支差旅费，费用由所在单位承担，不得向下级单位、企业或其他单位转嫁。

8）实际发生住宿而无住宿费发票的，不得报销住宿费以及城市间交通费、伙食补助费和市内交通费。

9）出差人员不得向接待单位提出正常公务活动以外的要求，不得在出差期间接受违反规定用公款支付的宴请、游览和非工作需要的参观，不得接受礼品、

礼金和土特产品等。

（5）临时出国。

1）不得超预算或无预算安排出访团组。确有特殊需要的，按规定程序报批。

2）不得因人找事，不得安排照顾性和无实质内容的一般性出访，不得安排考察性出访。

3）严禁接受或变相接受企事业单位资助，严禁向同级机关、下级机关、下属单位、企业、驻外机构等摊派或转嫁出访费用。

4）出国人员应当优先选择由我国航空公司运营的国际航线，不得以任何理由绕道旅行，或以过境名义变相增加出访国家和时间。

5）按照经济适用的原则，通过政府采购等方式，选择优惠票价，并尽可能购买往返机票。

6）因公临时出国购买机票，须经本单位外事和财务部门审批同意。机票款由本单位通过公务卡、银行转账方式支付，不得以现金支付。

7）出国人员应当严格按照规定安排交通工具，不得乘坐民航包机或私人、企业和外国航空公司包机。

8）出国人员根据出访任务需要在一个国家城市间往来，应当事先在出国计划中列明，并报本单位外事和财务部门批准。

9）出国人员应当严格按照规定安排住宿，省部级人员可安排普通套房，住宿费据实报销；厅局级及以下人员安排标准间，在规定的住宿费标准之内予以报销。

10）参加国际会议等的出国人员，如对方组织单位指定或推荐酒店，应通过询价方式从紧安排，超出费用标准的，须事先报经本单位外事和财务部门批准。

11）外方以现金或实物形式提供伙食费和公杂费接待我代表团组的，出国人员不再领取伙食费和公杂费。

12）出访用餐应当勤俭节约，不上高档菜肴和酒水，自助餐也要注意节俭。

13）出访团组对外原则上不搞宴请，确需宴请的，应当连同出国计划一并报批，宴请标准按照所在国家一人一天的伙食费标准掌握。

14）出访团组与我国驻外使领馆等外交机构和其他中资机构、企业之间一律不得用公款相互宴请。

15）出访团组原则上不对外赠送礼品。

16）出访团组与我国驻外使领馆等外交机构和其他中资机构、企业之间一律不得以任何名义、任何方式互赠礼品或纪念品。

（6）公务用车改革。

1）党政机关公务用车处置收入，扣除有关税费后全部上缴国库。

2）执法执勤用车配备应当严格限制在一线执法执勤岗位，机关内部管理和后勤岗位以及机关所属事业单位一律不得配备。

3）除涉及国家安全、侦查办案等有保密要求的特殊工作用车外，执法执勤用车应当喷涂明显的统一标识。

4）各单位按照在编在岗公务员数量和职级核定补贴数额，严格公务交通补贴发放，不得擅自扩大补贴范围、提高补贴标准。

5）党政机关不得以特殊用途等理由变相超编制、超标准配备公务用车，不得以任何方式换用、借用、占用下属单位或其他单位和个人的车辆，不得接受企事业单位和个人赠送的车辆，不得以任何理由违反用途使用或固定给个人使用执法执勤、机要通信等公务用车，不得以公务交通补贴名义变相发放福利。

（7）停建与清理办公用房。

1）各级党政机关自 2013 年 7 月 23 日起 5 年内一律不得以任何形式和理由新建楼堂馆所。已批准但尚未开工建设的楼堂馆所项目，一律停建。

2）各级党政机关不得以任何名义新建、改建、扩建内部接待场所，不得对机关内部接待场所进行超标准装修或者装饰、超标准配置家具和电器。

3）维修改造项目要以消除安全隐患、恢复和完善使用功能为重点，严格履行审批程序，严格执行维修改造标准，严禁豪华装修。

4）各级党政机关不得以任何理由安排财政资金用于包括培训中心在内的各类具有住宿、会议、餐饮等接待功能的设施或场所的维修改造。

5）超过《党政机关办公用房建设标准》规定的面积标准占有、使用办公用房的，应予以腾退。

6）已经出租、出借的办公用房到期应予收回，租赁合同未到期的，租金收入严格按照收支两条线规定管理，到期后不得续租。

7）领导干部在不同部门同时任职的，应在主要工作部门安排一处办公用房，其他任职部门不再安排办公用房。

8）领导干部工作调动的，由调入部门安排办公用房，原单位的办公用房不再保留。

9）领导干部已办理离退休手续的，原单位的办公用房应及时腾退。

Q6 为什么要建立薪酬激励策略可视化监控分析？

答：为保障国网陕西省电力有限公司薪酬管理工作规范有序进行，持续加大“五个倾斜”力度，进一步提升薪酬分配合理性，围绕科学薪酬管理理念，基于薪酬激励策略可视化监控分析应用平台看板和薪酬激励策略可视化监控分析，应用指标对标导向、分配异动监控结果评价，不断规范各层级人员薪酬管理质效。

Q7 薪酬激励策略可视化监控分析应用平台都有哪些工作机制？

答：主要包括异动协同机制、异动申诉机制和整改提升机制，薪酬激励策略可视化监控分析应用平台的工作机制如表 10-1 所示。

表 10-1　　薪酬激励策略可视化监控分析应用平台的工作机制

<table>
<tr><td rowspan="3">异动协同机制</td><td>管理行为异动</td><td>指工资总额进度、绩效工资占比、企业负责人年薪、不在岗员工工资待遇、社会保险合规缴纳、职工人数波动等</td><td rowspan="3">异动承办部门（单位）收到异动协同通知后，应协调组织配合部门（单位），在规定时限内消除异动、解决问题，按期向公司人资部反馈处理结果、提交有关支撑材料、申请异动关闭</td></tr>
<tr><td>分配行为异动</td><td>指各层级人均工资水平、过程考核总量差异、过程考核人均差异、农电人均效率、奖金倍比不合理等</td></tr>
<tr><td>政策行为异动</td><td>主要指职工人工效率等</td></tr>
<tr><td>异动申诉机制</td><td colspan="3">异动承办部门（单位）收到异动通知后，经核实该异动属正常分配行为结果，可向公司人资部进行申诉，并提交有关支撑材料、申请异动关闭</td></tr>
<tr><td>整改提升机制</td><td colspan="3">承办部门（单位）负责分析异动分析是否准确，异动处理情况是否及时反馈，异动处理措施是否详细，时间节点是否明确，相关措施落实是否到位，异动事项处理是否取得成效，相关责任追究是否到位</td></tr>
</table>

Q8 工资集中审核重点是什么？

答：根据《国网陕西省电力公司工资集中审核发放方案》（陕电人〔2015〕86 号）《国网陕西电力人资部关于规范工资核算、加强专项考核工资精准兑现的通知》（人资薪函〔2024〕7 号），公司按照“依法从严治企、提升管理层级、规范发放流程、分类审核监控”的原则，对全口径用工工资发放的项目、标准、列支渠道和对象进行规范管理。

1. 线上集中发放

各地市公司级、县级单位主业长期职工、供电服务职工资应发管理、实发核算、过账财务、在线支付均应及时、完整、准确、全面地在 ERP 系统薪酬模块进行。主业支援人员工资、省管产业单位直聘、集体等其他用工工资的应发管理、实发核算均在 ERP 薪酬模块中进行。

重点审核如下内容：

（1）薪酬发放的合规性。重点审核各级单位负责人年薪标准；员工考勤情况；加班工资、未休年休假补贴支付；违规违纪处分期间工资发放；工伤、生育、医疗期等情况下工资发放；表彰奖励、其他津补贴、社保扣款、个税等。

（2）发放对象的规范性。重点审核长期职工、供电服务职工变化情况，如新进、调动、离职、退休和死亡等；相关考核、奖励执行范围。

（3）列支渠道的规范性。重点审核长期职工的所有工资性收入是否均纳入工资总额管理，供电服务职工薪酬是否在农村电网维护管理费中列支，是否通过农村电网维护管理费向长期职工支付薪酬。

2. 线上备案

各级单位的全口径用工工资总额预算通过人资报表等途径向上级单位申报，并由上级单位审核备案。重点审核如下内容：

（1）计划执行的合理性。当期计划和累计计划执行情况，要求执行进度合理。

（2）数据信息的准确。薪酬转存数据与财务数据、人力资源统计报表、企业领导成员薪酬收入情况表核对一致。

Q9 薪酬台账报表等基础资料保存和保密要求是什么？

答：（1）各单位工资分配方案、台账、报表等基础资料需长期保存，保密时间不得低于五年。

（2）企业负责人离任后，其薪酬方案和考核兑现个人收入的原始资料至少保存 15 年。

Q10 薪酬管理人员的保密职责都有哪些？

答：（1）工资信息应按照公司工作秘密要求进行管理，应按照公司保密管理有关规定，做好职工使用的网络与信息设备等涉密载体的保密管理工作。

（2）加强员工的保密宣传教育，以保密工作知识与技能、涉密岗位保密管理要求与职责等为主要内容，抓好上岗、在岗、离岗全周期保密宣传教育。

（3）工资信息公开应履行保密审查手续，未经批准，任何部门、单位和个人不得擅自公开工资信息，不得通过新媒体公众号、微信工作群、即时通信工具、外网邮箱等传播扩散工资信息。如有发生工资泄密事件引起重大舆情的，公司将严肃追究相关人员责任。

Q11 离岗、离职后，对知悉的国家秘密、企业秘密仍然负有保密义务吗?

答：按照《国网保密办关于印发国家电网公司员工保密守则的通知》（保密办〔2014〕23 号）规定，员工离岗、离职后，对知悉的国家秘密、企业秘密，要严格遵守脱密期管理规定，及时清退个人持有和使用的涉密载体和信息设备，并办理移交手续。

Q12 人力资源信息统计重大差异报告机制是什么?

答：为加强人力资源信息数据的异动监控分析，公司建立人资统计重大差异报告制度。各单位出现以下重大差异的，应于当月 20 日前就异动原因向公司汇报。除成建制划转、学生分配等公司统一安排部署的工作外，出现以下情况之一者，视为重大差异：

（1）各类各项用工数据当月完成值较上月增幅超过一定比例。其中，上月实际人数大于等于 100 的，该比例为 5%；上月实际人数小于 100 的，该比例为 10%。

（2）各类各项人工成本数据累计完成值较上年同期增幅超过 10%。

（3）人才开发各项数据累计完成值较上月减幅超过 20%，或较上年同期减幅。

（4）劳动生产率各项数据较上年同期减幅。

（5）省公司层面支撑实施单位及其分公司、子公司、地市供电企业和县供电企业内设机构数量发生变化。

下篇

薪酬相关劳动争议典型案例

第十一章 工资发放类

 案例1：怎么判断职工工资是否低于当地最低工资标准

关键词：最低工资标准

来源／提供者：某省高级人民法院

一、案例描述

陈某在某集团公司工作，认为该集团发放给其的工资低于最低工资标准，应支付其2016年4、5月最低工资标准差额416.7元以及5倍的赔偿金。经劳动仲裁，陈某不服诉至法院。

二、处理结果

该案经由某市中级人民法院审理。法院认为，根据法律规定，某省各个不同时期的最低工资标准经人力资源和社会保障部审核同意，并经某省人民政府批准后，由某省人力资源和社会保障厅发布通知予以调整。通知明确载明，最低工资标准包含劳动者个人应缴纳的基本养老保险费、医疗保险费、失业保险费和住房公积金，不包含支付给劳动者的加班加点工资，中班、夜班、高温、低温、井下、有毒有害等特殊工作环境和条件下的津贴，以及法律法规和国家规定的劳动者福利待遇等。陈某2016年4、5月的实发工资加上某集团公司代扣代缴的其个人应缴纳的养老保险费、医疗保险费、失业保险费、住房公积金、某集团公司发放的保健补贴、基础补贴，扣除某集团公司发放的中班补贴、夜班补贴后均不低于同期贵州省一类地区的最低工资标准。因此，陈某的工资未低于最低工资。

三、案例分析

在认定用人单位向劳动者发放的工资是否低于当地最低工资标准时不应仅以

应发工资或者实发工资简单地与最低工资标准做比较，还需根据劳动者的工资组成，查明是否包含基本养老保险费、医疗保险费、失业保险费和住房公积金、加班加点工资，中班、夜班、高温、低温、井下、有毒有害等特殊工作环境和条件下的津贴等，予以考虑和扣减。

案例 2：员工给单位造成损失，用人单位能否全额扣除工资

关键词：工作失职 / 赔偿损失 / 扣发工资

来源 / 提供者：人力资源和社会保障部

一、案例描述

2015 年 1 月，李某入职某机械设备公司，并签订 3 年期劳动合同，合同约定“因工作失职给公司造成损失的，应当依法赔偿损失，并从其工资中扣除”。

2016 年 5 月 26 日，因该机械设备公司未支付李某 2016 年 4 月工资，李某申请劳动争议仲裁，要求该机械设备公司向其支付工资 9800 元。

机械设备公司辩称，李某作为公司业务骨干，双方于 2016 年 4 月初商定好去美国参加展会，李某向公司提交了护照等资料，公司为其办理出境手续及购买机票支出 22000 元。但李某因个人原因不去参展，更换人员给公司造成重大经济损失，为此，机械设备公司根据劳动合同约定扣除了李某 4 月工资，以抵扣其所受损失。机械设备公司为证明其主张，提交了展会费用说明及汇款单。

二、处理结果

裁决被申请人支付申请人 2016 年 4 月工资 7840 元（9800 元－ 9800 元 ×20%）。

三、案例分析

劳动者付出劳动，应当享受相应的劳动报酬。而劳动者给用人单位造成了经济损失，是否应当承担责任呢？

《工资支付暂行规定》第十六条规定：因劳动者本人原因给用人单位造成经济损失的，用人单位可按照劳动合同的约定要求其赔偿经济损失。经济损失的赔偿，可

从劳动者本人的工资中扣除。但每月扣除的部分不得超过劳动者当月工资的20%。若扣除后的剩余工资部分低于当地月最低工资标准，则按最低工资标准支付。

劳动人事争议仲裁委员会（简称仲裁委员会）认为，劳动报酬不同于普通债权，劳动者获得合法的劳动报酬是不可侵犯的权利，用人单位不得将其损失和劳动者的劳动报酬自行抵销。对于用人单位的损失追偿权，劳动法律法规亦有相关规定予以保护。《工资支付暂行规定》第十六条对于用人单位扣除劳动者工资进行了严格限制。

本案中，李某因个人原因放弃去美国参展，给公司造成实际损失，而且双方劳动合同约定“因工作失职给公司造成损失的，应当依法赔偿损失，并从其工资中扣除”，因此用人单位有权依法从李某的工资中扣除。但用人单位直接扣完当月工资9800元，违反了《工资支付暂行规定》第十六条中“每月扣除的部分不得超过劳动者当月工资的20%”的条款，存在克扣情形，应予以返还。

因此，在双方调解不成的情况下，仲裁委支持劳动者主张的部分劳动报酬，并建议用人单位对其损失逐月从李某工资中依法扣减。

 案例3：用人单位有权考核劳动者并根据考核结果执行待岗待遇吗

关键词： 考核结果 / 待岗培训 / 待岗工资待遇

来源 / 提供者： 某省人力资源和社会保障厅　某省高级人民法院

一、案例描述

2015年11月劳动者杨某入职至某国有企业，在保卫室任保安员，其岗位职责为保障用人单位有序安全开展生产，双方签订了无固定期限劳动合同。2021年12月末，该国有企业按照《员工绩效管理实施细则》以及《保安员绩效管理（考核）办法》对杨某进行考核，因杨某2021年8月在工作岗位上睡觉，企业对杨某2021年度的考核结果给出了“不合格”评价，并向杨某送达了《考核结果通知书》。2022年1月根据《员工待岗管理暂行办法》该企业将杨某纳入待岗人员进行管理，安排杨某参加待岗培训及随后的复岗考试。杨某对考核结果不予认可，其主张2021年8月在工作时间睡觉的行为系领导同意，故其拒绝服从用人单位安排的待岗培训，也拒绝

参加复岗考试。随后杨某申请劳动仲裁请求恢复保安员岗位；并要求用人单位按照其原工资标准发工资差额6000元。经查，用人单位制定的《员工绩效管理实施细则》《保安员绩效管理（考核）办法》《员工待岗管理暂行办法》均经法定程序出台，经职工代表大会表决通过，内容符合法律法规之规定，并已向全体员工公示。

二、处理结果

驳回劳动者杨某的仲裁请求。杨某不服仲裁结果，起诉至人民法院，法院一审判决结果与仲裁裁决结果一致，双方当事人均未上诉，一审判决生效。

三、案例分析

用人单位对年度考核不合格的员工做出待岗培训、复岗考试的安排属于企业用工自主权的范畴。用人单位依法制定的规章制度，对用人单位的全体员工具有约束力。考核系企业管理权及用工自主权的体现，用人单位根据规章制度对劳动者工作表现进行考核，并根据考核结果安排不合格的员工进行待岗培训、参加复岗考试，并无不妥。而杨某主张的其睡觉行为属领导同意后的行为，该主张与保安员保障安全的岗位职责要求不相符。员工无正当理由不认可考核结果、要求恢复原工作岗位，于法无据，不应支持。

用人单位用工自主权体现在企业用工规划和用工管理的方方面面，办案机关要在维护劳动者各项合法权益的同时，确保用人单位用工自主权的依法合理行使。对企业用工自主权的依法保护，有利于企业人力资源管理科学有序进行，也有利于促进劳动关系和谐稳定发展。

案例4：同工同酬怎么判定

关键词： 同工同酬

来源／提供者： 某省高级人民法院

一、案例描述

曾某于1984年1月25日分配到某县物资局下属某物资公司工作，职务为营业员。后某物资公司进行改制，职工一次性获得安置补偿费用了断身份关系，后某物资公司对原职工进行返聘，并重新签订《中华人民共和国劳动用工合同》，约定公司聘用曾某，试用期三个月，工资 500 元 / 月，试用期满后，根据企业经营效益制定工资报酬。同时返聘的人员还有周某超、胡某明等人。后成立新公司，并继受了某物资公司员工。2009 年 5 月 5 日，新公司任命周某超担任副总经理，胡某担任副经理，周某林担任仓库主任，曾某为一般的仓库管理员。2012 年 12 月 20 日，周某林担任工会主席。2013 年 6 月 21 日，周某超担任新公司执行董事兼经理、法人代表。

2013 年 3 月至 2015 年 12 月期间，周某超和胡某工资分别为 2830 元 / 月和 2630 元 / 月，曾某工资为 1930 元 / 月。其间，曾某多次要求加工资。2015 年 12 月，新公司给曾某增加工资 200 元 / 月，但曾某不满意，要求按照同工同酬原则，享受与胡某相同的工资待遇，即将工资增加到 2630 元 / 月，并补发相应的工资待遇。2016 年 6 月 23 日，新公司召开职工大会讨论曾某加工资请求，会议讨论后一致认为曾某工作不服从分配、把情绪带到工作中、违反工作纪律等，否决了曾某加工资要求。后曾某以其在公司连续工作 33 年，工龄最长，工资却最低，多次要求公司加工资未果为由，申请仲裁，并诉至法院，请求公司按照胡某明相同的工资待遇，即 2630 元 / 月，从 2013 年 3 月计发。

二、处理结果

某县劳动人事争议仲裁委员会认为曾某的申请不符合受理条件，决定不予受理。

曾某不服该裁决，诉至某市两级法院，某县人民法院、某市中级人民法院均未支持曾某该诉请，驳回了其该诉讼请求。

三、案例分析

同工同酬是指用人单位对于从事相同工作，付出等量劳动且取得相同劳绩的劳动者，应支付同等的劳动报酬。一般认为包括以下几个方面内容：一是男女同工同酬。二是不同种族、民族、身份的人同工同酬。三是地区、行业、部门间的同工同酬。四是企业内部的同工同酬。同工同酬作为一项分配原则具有相对性，

即使相同岗位的劳动者之间也有各种差异。由于同工同酬的判断因素众多，因此实践中，认定劳动者所得报酬是否符合同工同酬，应当综合考虑劳动者的资历、能力、经验、环境等诸多因素予以认定。本案中，胡某明系副经理兼安全管理技术员，曾某为一般仓库管理员，工作岗位不同，工作内容不同，从每星期值班时间看，工作时间也不同，工资收入不同。曾某以工龄相同要求与胡某明获得相同工资待遇，是对同工同酬的误解，因此不能获得支持。

案例 5：用人单位对职工工资和工作天数怎么安排

关键词：职工工资工作天数

来源 / 提供者：某市高级人民法院

一、案例描述

2012 年 7 月 17 日，刘某某与某木业公司建立劳动关系，刘某某的工作岗位为办公室副主任，应聘登记表上载明试用期工资为每月 2500 元，转正审批表上载明的转正后工资为每月 3000 元。双方签订的劳动合同中第三条关于工作时间和休息休假约定为“1. 员工每周工作六天，每天工作 8 小时，并依据各自所在岗位的性质、要求和工作特点，实行相应的工作制。2. 甲方不提倡加班，除《中华人民共和国劳动法》规定不受限制的情形外，确因生产经营（工作）需要，经与乙方协商，可安排乙方加班加点，并给予补休或者支付加班工资，加班工资按公司有关规定执行”。刘某某实际每周工作六天，每月实际领取的工资均不低于 3000 元。2018 年 1 月 22 日，刘某某以其每星期至少加班 1 天、节假日也有加班等事实，起诉请求判令某木业公司支付加班费 748384 元等。

二、处理结果

刘某某的请求不应得到支持，遂判决驳回刘某某的相应诉讼请求。

三、案例分析

刘某某与某木业公司在劳动合同的第三条已明确约定每周工作六天，每天工作 8 小时，可见刘某某在签订劳动合同时对工作期间为每周六天是明知的，而刘某某签订劳动合同时约定的月工资标准为 3000 元，该县 2012 年期间最低工资标准为每月 950 元，加上每周第六天加班工资总和为 1299 元（950 元 / 月＋950 元 / 月 ÷21.75 天 ×4 天 ×200%），某木业公司对刘某某超出国家法定工作时间的劳动在工资中给予体现和补偿，且所发工资中扣除加班工资后的折算数额不低于本地最低工资标准，双方关于工资和工作天数的约定不违反法律强制性规定，应当认定某木业公司所发工资中已经包含了第六天的加班工资，现刘某某再次主张第六天的加班工资，其请求不应得到支持，遂判决驳回刘某某的相应诉讼请求。

 案例 6：如何运用月计薪天数

关键词： 月计薪天数

来源 / 提供者： 某市人力资源社会保障厅

一、案例描述

员工小 A 于 2019 年 12 月 1 日入职 B 公司担任策划岗位。双方签有期限为 2019 年 12 月 1 日至 2022 年 11 月 30 日的劳动合同，其中约定小 A 的岗位实行月薪制，小 A 满勤的月工资为 5000 元，双方关于日薪的折算方法没有书面约定。

2020 年 12 月 22 日，小 A 因个人原因向 B 公司提出辞职。B 公司在与小 A 结算 2020 年 12 月出勤工资时，双方关于计算方法发生争议，故小 A 向某区仲裁委提出申请，要求支付 2020 年 12 月 1 日至 12 月 22 日工资 3718.16 元。庭审中，经双方核对考勤记录，确认小 A 于 2020 年 12 月 1 日至 12 月 22 日期间共出勤 16 天。关于计算方法，B 公司辩称，对于离职员工，公司惯例是按 30 天折算日薪，故仅同意支付小 A 2020 年 12 月工资 2666.66 元（5000 元 /30×16）。小 A 对于 B 公司的主张不予认可，称 B 公司的惯例并未得到过小 A 的确认，且侵犯了其获取正常报酬的法定权益，故要求按法定标准 21.75 天折算日薪。

二、处理结果

对于小 A 要求支付 2020 年 12 月 1 日至 12 月 22 日工资 3718.16 元，予以支持。

三、案例分析

据《关于职工全年月平均工作时间和工资折算问题的通知》（劳社部发〔2008〕3号）的规定，月平均工作日为20.83=（365－52×2－11）/12，月平均计薪日为21.75＝（365－52×2）/12，两者区别在于，前者扣除了11天的法定节假日，后者没有扣除。因为11天的法定节假日不出勤也要支付薪资，这就导致了月平均的工作日和计薪日不同。20.83在实践中不直接参与工资核算，是衡量加班的基准；而21.75天，指的是全年分摊到每个月应当支付薪水的平均时数，经常被运用到计算日薪的基准、月工资的折算等。

本案中，双方并没有对于计算日薪的标准存在明确约定，B公司辩称对于离职员工的薪酬计算存在惯例，但也未对此提供证据予以证明员工小A系知晓并同意按惯例执行，且若约定标准明显低于法定，存在严重违反公平合理原则的，也当属无效。因此，在双方未有明确且合理约定的情况下，小A要求按21.75标准来折算其日薪，系于法有据。根据合同约定的全勤工资5000元，以及双方确认的出勤天数16天，经核算得出，小A请求的2020年12月离职当月的出勤薪资应为3678.16元（5000元/21.75×16）。故仲裁委最终支持了小A的请求。

当然，实际操作中因为21.75天是平均计薪日，与每月的实际计薪日并不完全一样，所以存在某些不合理问题，还是要值得注意。

假设1：上述案例中的小A于2020年12月实际出勤为22天，而用正算法将得出5000元/21.75×22天＝5057.47元的结果，已超出其整月薪资水平，极其不合理。故此时，需要在日历中数出2020年12月的工作日为23天，并由此推导出小A未出勤的天数为1天，再用扣减法计算得出其当月薪资应为5000元－5000元/21.75×1天＝4770.11元；假设2：上述案例中小A于2020年12月实际出勤仅1天，若用扣减法将得出5000元－5000元/21.75×22天＝－57.47元，该结果意味着员工还要倒付公司57.47元，故此时选择用正算法5000元/21.75×1天＝229.89元，更为合理。

由此可见，在遇到上述极端特殊案例时，21.75天自身所带来的缺陷便暴露无遗，但无论是正算法还是扣减法，都应尽量选择正确的方法来合理计算薪酬，以此避免其所带来的尴尬情形的出现。

综上所述，由于目前企业极少会与员工约定日薪制的情形，故企业按法律规定的21.75天作为员工月计薪日较为妥当，但月计薪日比月制度工作日多出0.92天，所以在实际核算中，遇到特殊情形时还要注意避免踩雷。此外，21.75天不仅被运用到计算日薪的基准，由于他平均数值的特性，更被广泛运用于各类节假日或加班费日平均工资的计算基数。

案例7：培训期间工资是否属于专项培训费用

关键词： 培训 / 工资

来源 / 提供者： 人力资源和社会保障部　最高人民法院

一、案例描述

2013年6月1日，张某与某体检公司签订无固定期限劳动合同，到体检公司工作。2014年7月3日，张某与体检公司签订培训协议，该公司安排张某到外地参加一年专业技术培训。

培训协议约定：由体检公司支付培训费、差旅费，并按照劳动合同约定正常支付张某培训期间工资；张某培训完成后在体检公司至少服务5年；若张某未满服务期解除劳动合同，应当按照体检公司在培训期间所支出的所有费用支付违约金。

培训期间，体检公司实际支付培训费47000元、差旅费5600元，同时支付张某工资33000元。培训结束后，张某于2015年7月3日回体检公司上班。2018年3月1日，张某向体检公司递交书面通知，提出于2018年4月2日解除劳动合同。体检公司要求张某支付违约金85600元（47000元＋5600元＋33000元），否则拒绝出具解除劳动合同的证明。为顺利入职新用人单位，张某支付了违约金，但认为违约金数额违法，遂向仲裁委员会申请仲裁。请求裁决体检公司返还违法收取的违约金85600元。

二、处理结果

仲裁委员会裁决体检公司返还张某61930元（85600元－23670元）。

三、案例分析

本案的争议焦点是体检公司支付给张某培训期间的工资是否属于专项培训费用。

《中华人民共和国劳动合同法》第二十二条规定：“用人单位为劳动者提供专项培训费用，对其进行专业技术培训的，可以与该劳动者订立协议，约定服务期。劳动者违反服务期约定的，应当按照约定向用人单位支付违约金。违约金的数额不得超过用人单位提供的培训费用。用人单位要求劳动者支付的违约金不得超过服务期尚未履行部分所应分摊的培训费用。”

《中华人民共和国劳动合同法实施条例》第十六条规定：“劳动合同法第二十二条第二款规定的培训费用，包括用人单位为了对劳动者进行专业技术培训而支付的有凭证的培训费用、培训期间的差旅费用以及因培训产生的用于该劳动者的其他直接费用”。《中华人民共和国劳动法》第五十条规定：“工资应当以货币形式按月支付给劳动者本人。不得克扣或者无故拖欠劳动者的工资。”《关于贯彻执行〈中华人民共和国劳动法〉若干问题的意见》（劳部发〔1995〕309号）第53条规定：“劳动法中的‘工资’是指用人单位依据国家有关规定或劳动合同的约定，以货币形式直接支付给本单位劳动者的劳动报酬……”

从上述条款可知，专项培训费用与工资存在明显区别：（一）从性质看，专项培训费用是用于培训的直接费用，工资是劳动合同履行期间用人单位支付给劳动者的劳动报酬；（二）从产生依据看，专项培训费用是因用人单位安排劳动者参加培训产生，工资是依据国家有关规定或劳动合同约定产生；（三）从给付对象看，专项培训费用由用人单位支付给培训服务单位等，工资由用人单位支付给劳动者本人。本案中，张某脱产参加培训是在劳动合同履行期间，由体检公司安排，目的是提升其个人技能，使其能够创造更大的经营效益，张某参加培训的行为，应当视为履行对体检公司的劳动义务。综合前述法律规定，体检公司支付给张某培训期间的33000元工资不属于专项培训费用。

仲裁委员会结合案情依法计算得出：培训期间体检公司支付的专项培训费用为52600元（47000元＋5600元）；培训协议约定张某培训结束后的服务期为5年（即60个月），张某已实际服务33个月，服务期尚未履行部分为27个月。

因此，张某依法应当支付的违约金为23670元（52600元÷60个月×27个月），体检公司应当返还张某61930元（85600元－23670元）。

《中共中央国务院关于构建和谐劳动关系的意见》（中发〔2015〕10号）提出，要统筹处理好促进企业发展和维护职工权益的关系。

用人单位可以与劳动者约定专业技术培训服务期，保障用人单位对劳动者技能培训投入的相应收益，这既有利于劳动者人力资源的开发，也有利于用人单位提升市场竞争力，对增强劳动关系的稳定性具有积极意义。

实践中，用人单位在与劳动者订立服务期协议时，应当注意依法对服务期限、违约金等事项进行明确约定。

特别要注意的是，协议约定的违约金不得超过用人单位提供的专项培训费用、实际要求劳动者支付的违约金数额不得超过服务期尚未履行部分所应分摊的培训费用等问题。

劳动者参加了用人单位提供的专业技术培训，并签订服务期协议的，应当尊重并依法履行该约定，一旦违反，应当依法承担违约责任。

案例 8：是否应向故意隐瞒缓刑的在岗人员支付劳动报酬

关键词： 故意隐瞒 / 缓刑 / 报酬

来源 / 提供者： 某县供电公司

一、案例描述

某新农村电力工程服务有限责任公司（简称新农公司）农电工张某于 2015 年 3 月被当地市中级人民法院以非法采矿罪判处有期徒刑一年六个月（缓期三年），其间，其隐瞒了农电工身份，导致新农公司未接到法院通知。2016 年 7 月，新农公司在对接司法机关时，发现张某的违法受处事实，经问询，其承认了事实，新农公司当即对其做了发放最低生活费（扣除保险后）处理，于 2016 年 8 月对张某解除劳动合同，并要求返还 2015 年 3 月至 2016 年 8 月领取的报酬。

2016 年 10 月，张某向县仲裁委员会申请仲裁，要求新农公司支付停发工资及经济补偿。

二、处理结果

2017 年 10 月，县人民法院作出判决：新农公司与张某之间的劳动关系合同事实清楚，认定新农公司与张某解除劳动合同合法，无须支付经济补偿金；合同

解除前张某一直在正常上班，新农公司不支付 7 ～ 8 月报酬违法；新农公司要求张某返还 2015 年 3 月至 2016 年 8 月领用的报酬，于情于理不符，于法无据，不予支持。2017 年 11 月，张某不服县人民法院判决，上诉至中级人民法院，中级人民法院维护原判。

三、案例分析

新农公司解除劳动合同合法，主要是依据《中华人民共和国劳动合同法》第三十九条规定："劳动者有下列情形之一的，用人单位可解除劳动合同：……（六）被依法追究刑事责任的。"新农公司与张某 2014 年 1 月 1 日订立的劳动合同书第十九条第一款第（四）项规定"被依据追究刑事责任或劳动教养的，公司可以解除劳动合同。"

新农公司不支付 7 ～ 8 月报酬违法，法院不支持新农公司要求返还正常劳动后领取报酬，主要是新农公司引用条款为《国家电网公司员工奖惩规定》等国家电网公司规章制度，而新农公司是独立法人，与国家电网公司无隶属关系，新农公司与张某订立了劳动合同，双方建立了劳动关系，只应遵从新农公司的规章制度。

从上述分析看，用人单位一是要加强员工日常管理，完善劳动合同书中的法律条款，明确资方利益，保障工方权益。制定本单位的违规违纪惩处细则、考核管理办法等相关制度，做到有据可依。各管理层级要落实主体责任，做到既要管事也要管人；二是处罚员工条款引用要严谨清晰，有法律条款可依的，应以法律条款为依据，无法律条款可依据的，应以合同双方约定事项或用人单位规章制度为依据，不应用第三方规章制度处罚本单位员工，造成不必要的劳动纠纷；三是对接司法机关要做到全覆盖，用工单位在核查员工是否受到刑事处分及在外兼职时，对接司法机关应做到全覆盖，特别是要完成与司法局下属社会矫正中心的对接，避免员工在外地受到刑事处罚而未及时发现的情况发生，并做到发现一起及时处理一起。

第十二章 请假加班类

 案例1：法定节假日加班三倍工资包含本数吗

关键词：法定节假日 / 三倍工资

来源 / 提供者：某省某市中级人民法院

一、案例描述

原告罗某诉称，原告于2010年10月1日受聘到被告处从事垃圾清扫工作，月工资为1800.00元。原告和其他环卫工人都是全年365天工作，被告从未安排原告调休也未向原告支付过加班工资，故被告应向原告支付2015年1月1日至2018年4月28日的加班工资。故原告向本院起诉，提出要求被告某劳务中心向原告支付法定节假日加班工资等诉讼请求。

被告某劳务中心辩称，原告工作岗位为保洁环卫，由于环卫工作特殊性，没有休息日、节假日，该中心已在原告入职前就告知了原告，原告对此是知晓的。原告每天工作时间只有6小时，有事自行调休，该中心不扣罚工资，该中心未安排原告加班，不存在加班事实。

法院经审理查明从2010年10月1日起，原告在某县某镇政府从事环卫工作。2014年3月，某县某镇政府将某社区范围的环卫工作交由被告某县某社区服务中心负责，被告某县某社区服务中心又将其区域内的环卫工作外包给被告某劳务中心，2015年1月1日，原告与被告某劳务中心签订某市劳动合同书约定延长工作时间或者在休息日、法定节假日安排工作的，应按《中华人民共和国劳动法》、某市企业工资支付办法的规定支付加班工资。原告每日实行两班制，正常上班时间为早班5:30至12:00或下午班12：00至17:30，周休息日及法定节假日照常上班，被告某县某镇某劳务中心未安排原告补休，也未向原告支付加班工资。从2015年1

月1日起至2017年12月31日止，法定节假日共33日。原告向某县仲裁委员会申请仲裁，该仲裁委员会以被申请人主体不适格作出修劳仲案字〔2018〕47号《不予受理通知书》，决定不予受理。

二、处理结果

某省某县人民法院于2018年7月25日作出民事判决，被告某劳务中心向原告支付法定节假日加班工资为8193.10元。

宣判后，某劳务中心提出上诉。某省某市中级人民法院于2018年11月6日作出民事判决，被告某劳务中心向原告支付法定节假日加班工资5462.07元。

三、案例分析

实践中，关于法定节假日加班工资是否包含本数存在争议。一种观点认为法定节假日本身已支付一倍工资，故法定节假日加班三倍工资应只计算另外两倍即可。另一种观点认为法定节假日加班三倍工资是指除了日常工资支付外，应额外支付三倍工资。笔者赞成后一种观点。

首先，“法定节假日工资”与“法定节假日加班工资”是不同工资类别。根据《国家统计局关于工资总额的规定》第四条“工资总额由下列六个部分组成（一）计时工资；（二）计件工资；（三）奖金；（四）津贴和补贴；（五）加班加点工资；（六）特殊情况下支付的工资”规定，月工资、日工资等日常工资与节假日加班加点工资是不同的工资项目，故不同类别不应当进行简单冲抵。

其次，“法定节假日工资”性质是劳动者享有的福利待遇。根据《中华人民共和国劳动法》第五十一条“劳动者在法定休假日和婚丧假期间以及依法参加社会活动期间，用人单位应当依法支付工资”，《劳动和社会保障部关于职工全年月平均工作时间和工资折算问题的通知》（劳社部发〔2008〕3号）第二条“日工资、小时工资的折算按照《中华人民共和国劳动法》第五十一条的规定，法定节假日用人单位应当依法支付工资，即折算日工资、小时工资时不剔除国家规定的11天法定节假日。据此，日工资、小时工资的折算为日工资月工资收入 ÷ 月计薪天数……月计薪天数＝（365天－104天）÷12月＝21.75天”的规定，可以看出依据法律强制性规定，劳动者在法定节假日无须向用人单位提供劳动，用人单位仍应向劳动者支付工资。故法定节假日工资，在形式上其金额等于工作日工资，在本质上其不属于工作日工资的劳动报酬，其本质是法律落实对劳动者休息权的保障，赋予劳动者在法定节假日无须劳动即可得到的一项福利待遇。《劳动和社会保障部关于职工全年月平均工作时间和工资折算问题的通知》（劳社部发〔2008〕3号）第二条所强调的是在工资统计中，因法律强制规定劳动者法定节假日享有工资“待遇”，故工作日计薪天数不应当将法定节假日剔除，可见，该条规定强调了法定节假日工资的性质是劳动者的一项福利待遇。但该条规定仅涉及了法定节假日工资待遇，并未对法定节假日加班工资的计算和发放作出任何规定，故不能扩大解释为法定节假日已发放一倍工资，所以法定节假日加班的三倍工资应当扣除本数。

再次，“法定节假日加班工资”性质是劳动报酬。根据《中华人民共和国劳动合同法》第四十四条“有下列情形之一的，用人单位应当按照下列标准支付高于劳动者正常工作时间工资的工资报酬（一）安排劳动者延长工作时间的，支付不低于工资的150%的工资报酬；（二）休息日安排劳动者工作又不能安排补休的，支付不低于工资的200%的工资报酬；（三）法定休假日安排劳动者工作的，支付不低于工资的300%的工资报酬”规定，法定节假日加班三倍工资是用人单位因为法定节假日安排劳动者工作，使劳动者在本应休息的情况下额外付出劳动，故而额外支付的劳动报酬。如前所述，法定节假日工资是福利待遇不是劳动报酬，只是统计上法定节假日工资与工作日工资一并统计。而法定节假日加班工资是劳动报酬，二者有本质的不同，故法定节假日加班三倍工资不应当扣除已经支付的法定节假日工资。

最后，“法定节假日加班工资”另行支付三倍，有明文规定。根据前述《中华人民共和国劳动合同法》第四十四条关于休息日加班工资为二倍工资，法定节假日加班工资为三倍工资的规定，从文义解释来看，法定节假日加班工资应比休息日加班工资高一倍；从立法解释来看，法定节假日是举国同庆的休息日，休息日无须劳动但不发工资，法定节假日无须劳动也要照发工资，可见法定节假日对于劳动者休息权的保障更甚于休息日，故法定节假日加班工资理应高于休息日加班工资。如果法定节假日加班工资扣除所谓的“本数”，将导致法定节假日加班工资实质上与休息日加班工资相等，明显不符合法律规定，也违背了立法本意。

《劳动部关于职工工作时间有关问题的复函》第四条“四、休息日或法定休假日加班，用人单位可否不支付加班费而给予补休？补休的标准如何确定？依据《中华人民共和国劳动法》第四十四条规定，休息日安排劳动者加班工作的，应首先安排补休，不能补休时，则应支付不低于工资的百分之二百的工资报酬。补休时间应等同于加班时间。法定休假日安排劳动者加班工作的，应另外支付不低于工资的百分之三百的工资报酬，一般不安排补休。”亦明文规定法定节假日加班应另外支付三倍工资。

 案例 2：加班费能低于最低工资标准吗

关键词： 加班费 / 最低工资标准

来源 / 提供者： 某市中级人民法院

一、案例描述

冯某于 2016 年 8 月至某酒店从事服务员工作，双方签订三年期劳动合同，约定酒店实行基本工资、岗位工资和绩效工资相结合的内部薪资分配办法，酒店因工作需要安排冯某加班的，冯某应配合支持，酒店将依法给予补、调休或支付加班工资，加班工资以双方商定的前述基本工资为基数计算。2018 年 5 月，冯某与该酒店签订《解除劳动合同协议书》，约定即日解除双方签订的劳动合同，酒店一次性支付冯某 8000 元，此款包括但不限于双倍工资、加班费、经济补偿金等，冯某放弃基于劳动关系可能向酒店主张的一切权利，不再向酒店提出任何要求。次日，该酒店按协议约定支付冯某 8000 元。后冯某认为《解除劳动合同协议书》中确定的加班工资金额不足，遂向劳动仲裁委员会申请仲裁。

二、处理结果

劳动仲裁委裁决驳回了冯某的仲裁请求，冯某不服，诉至法院，法院判决酒店按最低工资标准支付冯某加班工资。

三、案例分析

《中华人民共和国劳动法》第四十四条规定，有下列情形之一的，用人单位

应当按照下列标准支付高于劳动者正常工作时间工资的工资报酬：（一）安排劳动者延长工作时间的，支付不低于工资的百分之一百五十的工资报酬；（二）休息日安排劳动者工作又不能安排补休的，支付不低于工资的百分之二百的工资报酬；（三）法定休假日安排劳动者工作的，支付不低于工资的百分之三百的工资报酬。加班工资也应属该规定规范。经查，冯某在酒店工作期间，确存在工作日、双休日及法定节假日加班且未安排补休的情形，而《解除劳动合同协议书》中约定的一次性支付款项中的加班工资低于最低工资标准，故酒店应依照最低工资标准支付冯某加班工资。

案例3：劳动者超时加班发生工伤，用工单位是否承担连带赔偿责任

关键词：加班工伤连带赔偿责任

来源／提供者：人力资源和社会保障部　最高人民法院

一、案例描述

2017年8月，某服务公司（已依法取得劳务派遣行政许可）与某传媒公司签订劳务派遣协议，约定某服务公司为某传媒公司提供派遣人员，每天工作11小时，每人每月最低保底工时286小时。2017年9月，某服务公司招用李某并派遣至某传媒公司工作，未为李某缴纳工伤保险。2018年8、9、11月，李某月工时分别为319、293、322.5小时，每月休息日不超过3日。2018年11月30日，李某工作时间为当日晚8时30分至12月1日上午8时30分。李某于12月1日凌晨5时30分晕倒在单位卫生间，经抢救无效于当日死亡，死亡原因为心肌梗死等。2018年12月，某传媒公司与李某近亲属惠某等签订赔偿协议，约定某传媒公司支付惠某等工亡待遇42万元，惠某等不得再就李某工亡赔偿事宜或在派遣工作期间享有的权利，向某传媒公司提出任何形式的赔偿要求。上述协议签订后，某传媒公司实际支付惠某等各项费用计423497.80元。此后，李某所受伤害被社会保险行政部门认定为工伤。某服务公司、惠某等不服仲裁裁决，诉至人民法院。惠某等请求判决某服务公司与某传媒公司连带支付医疗费、一次性工亡补助金、丧葬补助金、供养亲属抚恤金，共计1193821

元。某服务公司请求判决不应支付供养亲属抚恤金；应支付的各项赔偿中应扣除某传媒公司已支付款项；某传媒公司承担连带责任。

二、处理结果

一审法院判决：按照《工伤保险条例》，因用人单位未为李某参加工伤保险，其工亡待遇由用人单位全部赔偿。某服务公司和某传媒公司连带赔偿惠某等医疗费、一次性工亡补助金、丧葬补助金、供养亲属抚恤金合计 766911.55 元。某传媒公司不服，提起上诉。二审法院判决：驳回上诉，维持原判。

三、案例分析

本案的争议焦点是李某超时加班发生工伤，用工单位与劳务派遣单位是否应承担连带赔偿责任。

《中华人民共和国劳动法》第三十八条规定："用人单位应当保证劳动者每周至少休息一日。"第四十一条规定："用人单位由于生产经营需要，经与工会和劳动者协商后可以延长工作时间，一般每日不得超过一小时；因特殊原因需要延长工作时间的，在保障劳动者身体健康的条件下延长工作时间每日不得超过三小时，但是每月不得超过三十六小时。"《中华人民共和国劳动合同法》第九十二条规定："用工单位给被派遣劳动者造成损害的，劳务派遣单位与用工单位承担连带赔偿责任。"《国务院关于职工工作时间的规定》（国务院令第 174 号）第三条规定："职工每日工作 8 小时、每周工作 40 小时。"休息权是劳动者的基本劳动权利，即使在支付劳动者加班费的情况下，劳动者的工作时间仍然受到法定延长工作时间上限的制约。劳务派遣用工中，劳动者超时加班发生工伤，用工单位和劳务派遣单位对劳动者的损失均负有责任，应承担连带赔偿责任。劳动者与用工单位、劳务派遣单位达成赔偿协议的，当赔偿协议存在违反法律、行政法规的强制性规定、欺诈、胁迫或者乘人之危情形时，不应认定赔偿协议有效；当赔偿协议存在重大误解或者显失公平情形时，应当支持劳动者依法行使撤销权。

本案中，某服务公司和某传媒公司协议约定的被派遣劳动者每天工作时间及每月工作保底工时，均严重超过法定标准。李某工亡前每月休息时间不超过 3 日，每日工作时间基本超过 11 小时，每月延长工作时间超过 36 小时数倍，其依法享有的休息权受到严重侵害。某传媒公司作为用工单位长期安排李某超时加班，存在过错，对李某在工作期间突发疾病死亡负有不可推卸的责任。惠某等主张某传媒公司与某服务公司就李某工伤的相关待遇承担连带赔偿责任，应予支持。惠某等虽与某传媒公司达成了赔偿协议，但赔偿协议是在劳动者未经社会保险行政部门认定工伤的情形下签订的，且赔偿协议约定的补偿数额明显低于法定工伤保险待遇标准，某服务公司和某传媒公司应对差额部分予以补足。

面对激烈的市场竞争环境，个别用人单位为降低用工成本、追求利润最大化，长期安排劳动者超时加班，对劳动者的身心健康、家庭和睦、参与社会生活等造成了严重影响，极端情况下会威胁劳动者的生命安全。本案系劳动者超时加班发生工伤而引发的工伤保险待遇纠纷，是超时劳动严重损害劳动者健康权的缩影。本案裁判明确了此种情况下用工单位、劳务派遣单位承担连带赔偿责任，可以有效避免劳务派遣用工中出现责任真空的现象，实现对劳动者合法权益的充分保障。同时，用人单位应依法为职工参加工伤保险，保障职工的工伤权益，也能分散自身风险。如用人单位未为职工参加工伤保险，工伤职工工伤保险待遇全部由用人单位支付。

案例4：倒班运行值班是否构成加班事实

关键词：倒班 / 加班

来源 / 提供者：某送变电有限公司

一、案例描述

2006年1月，李某被当地劳务派遣公司派遣至某送变电公司从事电工维修工作，实行倒班制，工作期间有维修任务时进行维修处理，没有任务时可以休息。2014年11月20日，劳务派遣协议到期，送变电公司未续签劳务派遣协议，不再使用该劳务派遣员工。2015年3月2日，李某向当地仲裁委员会申请仲裁，主要有三项诉求：一是送变电公司支付双休日加班费85176元（2006年1月至2014年11月20日）；二是支付带薪年休假工资12285元（2006年1月至2014年11月20日）；三是支付延时加班费100000元（2006年1月至2014年11月20日）。

二、处理结果

法院判决：一是劳务派遣公司向被告支付带薪年休假工资2868.8元（2012年11月18日至2014年11月20日），送变电公司对上述给付义务承担连带责任；二是送变电公司无需支付加班工资。判决后，各方均未上诉。

三、案例分析

双方争议焦点如下：

（1）李某的工作方式是否构成加班事实。关于加班问题，李某从事工作为接到报修通知后，对相关电气设备进行维修处理，其他时间可以休息，工时制度为综合计算工时制。虽然李某的倒班方式为工作24小时，休息48小时，但结合其岗位的工作内容和特点，工作不具有持续劳动的特征，工作的24小时并非有效劳动时间，综合考虑上班期间的劳动强度、可以休息等情况，可认定李某的工作时间、工作方式及工作强度具有特殊性，不等同于加班。李某主张的上24小时加班工作不休息，不符合人体生理规律，法院在审理过程中，并未予以采信。

（2）上述工作方式是否需要劳动行政部门审批。按照《中华人民共和国劳动法》第三十九条支付宝，企业实行其他工时制度需要经劳动行政部门批准。送变电公司属电力行业企业，依据《劳动部关于电力企业实行综合计算工时制度和不定时工作制的批复》（劳部发〔1995〕232号）、《电力工业部关于印发〈电力劳动者实行综合计算工时制度和不定时工作制实施办法〉的通知》（电人教〔1995〕335号）等制度，对单位内部特定工作岗位实行综合计算工时制，不需要履行向当地劳动行政部门报批手续。法院在审理该案件过程中，对此项未提出异议。

综上所述，用人单位一是要在劳动合同中明确工时制度。我国劳动法律法规规定的工时制度包括标准工时、综合计算工时及不定时工时三种。企业各类形式用工均应结合岗位性质，在劳动合同、岗位协议等材料中明确实行的工时制度，避免出现因工作时间导致用工法律风险和争议。例如，各供电企业变电运行、电力调度等电力运行岗位职工均实行倒班工作制，在劳动合同时应明确实行综合计算工时制度；二要保障员工享受带薪年休假。本案例中，某送变电公司因没有安排劳务派遣员工年休假，法院判决该送变电公司承担连带赔偿带薪年休假工资。现实中，员工不休年休假的情况时常出现，既有企业原因也有个人原因，若因企业原因无法安排年休假的，应当征求职工同意，并根据未休假年休假天数发放补贴；若个人放弃年休假，应由员工个人提出书面申请，企业按照正常工资标准发放工资即可。企业应合理安排工作，鼓励员工休年休假，营造和谐的劳动氛围；三要规范劳动用的管理实务操作。用人单位在劳动用工日常管理过程中，要妥善保存工资发放、缴纳社保的凭据以及考勤记录等材料。劳动争议中，存在用人单位"举证责任倒置"的情况，在特定情况下，用人单位负有比劳动者更大的举证责任，若无法拿出相关痕迹证据，用人单位将处于不利的地位。

 案例 5：计算病假工资时，医疗期能否计入工作年限

关键词：病假工资 / 工作年限

来源 / 提供者：中国劳动人事争议调解仲裁公众号

一、案例描述

王某 2009 年 1 月 9 日入职 A 公司，双方签订了为期 2009 年 1 月 10 日至 2018 年 1 月 9 日的劳动合同。2018 年 1 月 8 日，王某因患病，持医院诊断证明书面告知 A 公司，自己需住院治疗，且要求享受 9 个月的医疗期。在王某医疗期内，公司未支付病假工资。

2018 年 10 月 8 日，王某医疗期满后返岗，要求 A 公司续签劳动合同并支付病假工资，A 公司同意续签劳动合同，但提出把原劳动合同中的每月 5000 元工资降为 4000 元，王某对此不同意，劳动合同终止。在办理劳动合同终止手续时，A 公司称双方的劳动合同已于 2018 年 1 月 9 日终止，拒绝支付 9 个月的病假工资；在支付终止劳动合同的经济补偿时，也没有将这 9 个月的医疗期算入王某工作年限。

双方协商无果，王某提起了劳动争议仲裁申请，请求确认双方劳动合同终止时间为 2018 年 10 月 8 日，由 A 公司支付 9 个月的病假工资，并支付 10 个月的工资作为经济补偿。

二、处理结果

仲裁委支持了王某的仲裁请求。

三、案例分析

按照《中华人民共和国劳动法》及有关配套规章的规定，劳动者患病或非因工负伤，依法享有医疗期，因此在计算劳动者在同一用人单位连续工作时间时，不应扣除劳动者依法享有的医疗期时间。《劳动合同法》第四十二条、第四十五条也规定，劳动合同期满，劳动者在规定的医疗期内的，劳动合同应当续延到相应的情形消失时终止。王某与公司的劳动合同本应在2018年1月9日期满，但其患病请假时其本人工作年限已超10年且在本单位工作年限已超5年不满10年，根据《企业职工患病或非因工负伤医疗期的规定》，他要求享受9个月的医疗期符合法律政策规定。因此，双方劳动合同期满终止时间应当续延到2018年10月8日，即9个月的医疗期也应当计算在工作时间内，王某在A公司的工作年限为9年9个月。

《关于贯彻执行〈劳动法〉若干问题的意见》第五十九条规定，职工患病或非因工负伤治疗期间，在规定的医疗期间内由企业按有关规定支付其病假工资或疾病救济费，病假工资或疾病救济费可以低于当地最低工资标准支付，但不能低于最低工资标准的80%。因此，A公司至少应按当地最低工资标准的80%支付王某9个月的病假工资。

对于经济补偿问题，《劳动合同法》第四十六条第（五）项规定，除用人单位维持或者提高劳动合同约定条件续订劳动合同，劳动者不同意续订的情形外，依照该法第四十四条第一项规定（因劳动合同期满）终止固定期限劳动合同的，用人单位应当支付经济补偿，即劳动合同期满时，如果用人单位同意续订劳动合同，但降低劳动合同约定的条件，劳动者不同意续订的，劳动合同终止，用人单位应支付经济补偿。

本案中，A公司同意续签劳动合同，但要求把原劳动合同约定的每月5000元工资降为4000元。王某不同意续签，劳动合同终止，A公司应当按照王某9年9个月的工作年限计算，支付王某10个月工资的经济补偿。

因此，根据A公司的违法事实和有关法律法规，仲裁委支持了王某的仲裁申请。

 案例6：男职工在妻子生育子女后依法享受护理假

关键词：男职工／护理假

来源／提供者：最高人民法院案例研究院

一、案例描述

2021年5月5日，李某至某服饰公司从事摄影工作。因妻子待产，李某于2021年7月2日起回家陪产未再出勤。李某之子于2021年7月3日出生。2021年7月20日，李某回到某服饰公司继续工作至2021年11月17日。2021年11月18日，李某至某服饰公司结算工资时发生冲突。李某向某仲裁委员会申请仲裁，提出某服饰公司支付护理假工资等请求。某仲裁委员会终结案件审理。李某诉至人民法院。

二、处理结果

审理法院认为，根据某省人口与计划生育条例第二十四条规定，符合本条例规定生育子女的夫妻，女方在享受国家规定产假的基础上，延长产假不少于三十天，男方享受护理假不少于十五天，假期视为出勤，在规定假期内照发工资。李某在护理假期间视为出勤，某服饰公司应当发放工资。审理法院支持李某要求某服饰公司支付十五天护理假工资等诉讼请求。

三、案例分析

近年来，各地落实《中共中央国务院关于优化生育政策促进人口长期均衡发展的决定》，出台支持优化生育的政策措施。在家庭中，丈夫和妻子共同承担着生儿育女的责任。陪产护理假是男职工在妻子生育期间享有的看护、照料妻子与子女的权利。本案中，人民法院判令用人单位支付男职工护理假期间的工资，有助于引导用人单位严格执行国家相关规定，发挥男性在生育中不可或缺的丈夫和父亲的角色作用，强化两性在生育事务中的平等合作，有利于下一代的健康成长、生育支持政策体系的进一步完善及人口的高质量发展。

第十三章 劳 动 合 同 类

 案例 1：劳动者被安排到新用人单位工作，工作年限怎么计算

关键词： 工作年限 / 岗位调整 / 经济补偿

来源 / 提供者： 某市中级人民法院

一、案例描述

2010 年 8 月至 2019 年 5 月期间，王某一直在某专卖店从事导购工作，未曾更换过工作地点，但劳动合同主体先后经历三次变更，直到本案的某商贸公司。三家公司法定代表人存在亲属关系，三家公司住所地均在同一地点。王某在某商贸公司工作至 2019 年 5 月初，后王某以公司未依法支付加班费为由提出解除劳动关系，并要求公司支付 2010 年至 2019 年工作期间的经济补偿金，公司于 2019 年 5 月 15 日收悉。后王某向劳动仲裁委申请仲裁，要求公司支付 2010 年至 2019 年工作期间的经济补偿金。

二、处理结果

劳动仲裁委终结审理后，王某诉至法院，法院判决公司向王某支付 2010 年至 2019 年工作期间的经济补偿金。

三、案例分析

《最高人民法院关于审理劳动争议案件适用法律若干问题的解释（一）》第四十六条规定劳动者非因本人原因从原用人单位被安排到新用人单位工作，原用人单位未支付经济补偿，劳动者依照劳动合同法第三十八条规定与新用人单位解除劳动合同，或者新用人单位向劳动者提出解除、终止劳动合同，在计算支付经济补偿

或赔偿金的工作年限时，劳动者请求把在原用人单位的工作年限合并计算为新用人单位工作年限的，人民法院应予以支持。本案中，王某非因本人原因从原用人单位被安排到新用人单位工作，原用人单位未支付经济补偿，故在计算经济补偿的工作年限时，王某请求把在原用人单位的工作年限合并计算为新用人单位工作年限，应予以支持。

用人单位和劳动者应当建立和谐稳定的劳动关系。实践中，部分用人单位通过变更主体，以不同用人单位的名义与劳动者重新签订劳动合同，使得劳动者工作年限不能“连续”，规避经济补偿金的给付义务。根据《最高人民法院关于审理劳动争议案件适用法律若干问题的解释（一）》第四十六条的规定，劳动者非因本人原因被安排到新用人单位工作，原用人单位未支付经济补偿的，工作年限应当合并计算。因此，用人单位随意变换劳动者工作单位，并不能达到规避经济补偿金给付义务的目的。

案例 2：视为订立无固定期限劳动合同后用人单位仍未与劳动者签订劳动合同的是否应当支付二倍工资

关键词：劳动合同 / 二倍工资

来源 / 提供者：人力资源和社会保障部　最高人民法院

一、案例描述

2016 年 8 月 1 日，万某入职某食品公司，从事检验工作，双方口头约定万某月工资为 3000 元。万某入职时，公司负责人告知其 3 个月试用期后签订书面劳动合同，但是双方一直未签订书面劳动合同。2018 年 7 月 31 日，万某与食品公司解除劳动关系。万某要求食品公司支付 2017 年 8 月至 2018 年 7 月期间未与其签订无固定期限劳动合同的第二倍工资，该公司拒绝支付。万某遂向仲裁委员会申请仲裁。请求裁决食品公司支付 2017 年 8 月至 2018 年 7 月期间未签订无固定期限劳动合同的第二倍工资 36000 元。

二、处理结果

仲裁委员会裁决驳回万某的仲裁请求。

三、案例分析

本案的争议焦点是2017年8月至2018年7月期间，万某与食品公司之间未签订书面劳动合同的情形是否属于《中华人民共和国劳动合同法》第八十二条规定情形。

《中华人民共和国劳动合同法》第八十二条规定："用人单位自用工之日起超过一个月不满一年未与劳动者订立书面劳动合同的，应当向劳动者每月支付二倍的工资。用人单位违反本法规定不与劳动者订立无固定期限劳动合同的，自应当订立无固定期限劳动合同之日起向劳动者每月支付二倍的工资。"

从上述条款可知，用人单位支付未依法签订劳动合同第二倍工资的情形包括两种：第一种是用人单位自用工之日起超过一个月不满一年未与劳动者订立书面劳动合同的；第二种是用人单位应当与劳动者订立无固定期限劳动合同，但违反本法规定不与劳动者订立无固定期限劳动合同的。

第二种情形中的"本法规定"，是指《中华人民共和国劳动合同法》第十四条第二款规定的"除劳动者提出订立固定期限劳动合同外，应当订立无固定期限劳动合同"的三种情形，即"（一）劳动者在该用人单位连续工作满十年的；（二）用人单位初次实行劳动合同制度或者国有企业改制重新订立劳动合同时，劳动者在该用人单位连续工作满十年且距法定退休年龄不足十年的；（三）连续订立二次固定期限劳动合同，且劳动者没有本法第三十九条和第四十条第一项、第二项规定的情形，续订劳动合同的。"

而《中华人民共和国劳动合同法》第十四条第三款规定的"用人单位自用工之日起满一年不与劳动者订立书面劳动合同的，视为用人单位与劳动者已订立无固定期限劳动合同"，是对用人单位不签订书面劳动合同满一年的法律后果的拟制规定，并非有关应当订立无固定期限劳动合同的情形规定。

《中华人民共和国劳动合同法实施条例》第七条对于此种情形的法律后果也作了相同的分类规定。

本案中，万某于2016年8月1日入职，食品公司一直未与其签订书面劳动合同，自2017年8月1日起，根据上述法律法规的规定，双方之间视为已订立了无固定期限劳动合同，而非《劳动合同法》第八十二条规定的用人单位违反本法规定不与劳动者订立无固定期限劳动合同的情形。

因此，食品公司无须向万某支付未依法签订无固定期限劳动合同的第二倍工资，故依法驳回万某的仲裁请求。

无固定期限劳动合同是指用人单位与劳动者约定无确定终止时间的劳动合同。为了保障劳动关系稳定性，《劳动合同法》第十四条规定了“可以”“应当”“视为”三类订立无固定期限劳动合同的情形，其中“视为”签订无固定期限劳动合同的规定，主要目的是为解决一些用人单位不愿与劳动者签订劳动合同，造成劳动者合法权益无法得到保障的问题。

未依法签订劳动合同所应承担的第二倍工资责任在法律性质上是惩罚性赔偿，该责任设定与拟制无固定期限劳动合同的签订相结合，既保障了劳动者合法权益，又限制了用人单位赔偿责任的无限扩大，有效平衡了各方利益。

案例3：用人单位未支付竞业限制经济补偿，劳动者是否需承担竞业限制违约责任

关键词：竞业限制 / 经济补偿

来源 / 提供者：人力资源和社会保障部　最高人民法院

一、案例描述

2013年7月，乐某入职某银行，在贸易金融事业部担任客户经理。该银行与乐某签订了为期8年的劳动合同，明确其年薪为100万元。该劳动合同约定了保密与竞业限制条款，约定乐某须遵守竞业限制协议约定，即离职后不能在诸如银行、保险、证券等金融行业从事相关工作，竞业限制期限为两年。同时，双方还约定了乐某如违反竞业限制义务应赔偿银行违约金200万元。2018年3月1日，银行因乐某严重违反规章制度而与乐某解除了劳动合同，但一直未支付乐某竞业限制经济补偿。2019年2月，乐某入职当地另一家银行依旧从事客户经理工作。2019年9月，银行向仲裁委员会申请仲裁。请求裁决乐某支付违反竞业限制义务违约金200万元并继续履行竞业限制协议。

二、处理结果

仲裁委员会裁决驳回银行的仲裁请求。

三、案例分析

本案的争议焦点是银行未支付竞业限制经济补偿，乐某是否需承担竞业限制违约责任。

依据《中华人民共和国劳动合同法》第二十三条第二款规定："对负有保密义务的劳动者，用人单位可以在劳动合同或者保密协议中与劳动者约定竞业限制条款，并约定在解除或者终止劳动合同后，在竞业限制期限内按月给予劳动者经济补偿。劳动者违反竞业限制约定的，应当按照约定向用人单位支付违约金。"由此，竞业限制义务，是关于劳动者在劳动合同解除或终止后应履行的义务。本案中，双方当事人在劳动合同中约定了竞业限制条款，劳动合同解除后，竞业限制约定对于双方当事人发挥约束力。《中华人民共和国劳动合同法》第二十九条规定："用人单位与劳动者应当按照劳动合同的约定，全面履行各自的义务。"

《最高人民法院关于审理劳动争议案件适用法律若干问题的解释（四）》（法释〔2013〕4号）第八条规定："当事人在劳动合同或者保密协议中约定了竞业限制和经济补偿，劳动合同解除或者终止后，因用人单位的原因导致三个月未支付经济补偿，劳动者请求解除竞业限制约定的，人民法院应予以支持。"

用人单位未履行竞业限制期间经济补偿支付义务并不意味着劳动者可以"有约不守"，但劳动者的竞业限制义务与用人单位的经济补偿义务是对等给付关系，用人单位未按约定支付经济补偿已构成违反其在竞业限制约定中承诺的主要义务。

具体到本案中，银行在竞业限制协议履行期间长达11个月未向乐某支付经济补偿，造成乐某遵守竞业限制约定却得不到相应补偿的后果。

根据公平原则，劳动合同解除或终止后，因用人单位原因未支付经济补偿达三个月，劳动者此后实施了竞业限制行为，应视为劳动者以其行为提出解除竞业限制约定，用人单位要求劳动者承担违反竞业限制违约责任的不予支持，故依法驳回银行的仲裁请求。

随着新兴行业迅猛发展，越来越多的用人单位增强了知识产权和核心技术的保密意识，强化了其高级管理人员、高级技术人员及负有保密义务的其他人员的竞业限制约束力。

用人单位应当严格按照劳动合同的约定向劳动者履行竞业限制期间的经济补偿支付义务，劳动者亦应秉持诚实守信原则履行竞业限制义务。

同时，仲裁与司法实务中应始终关注劳动关系的实质不平等性，避免用人单位免除自己的法定责任，而排除劳动者的合法权益的情形，依法公正地维护双方的合法权益。

案例 4：用人单位与劳动者自行约定实行不定时工作制是否有效

关键词： 不定时工作制

来源 / 提供者： 人力资源和社会保障部　最高人民法院

一、案例描述

2017 年 11 月 1 日，张某与某物业公司签订 3 年期劳动合同，约定张某担任安全员，月工资为 3500 元，所在岗位实行不定时工作制。某物业公司于 2018 年 4 月向当地人力资源社会保障部门就安全员岗位申请不定时工作制，获批期间为 2018 年 5 月 1 日至 2019 年 4 月 30 日。2018 年 9 月 30 日，张某与某物业公司经协商解除了劳动合同。双方认可 2017 年 11 月至 2018 年 4 月、2018 年 5 月至 2018 年 9 月期间，张某分别在休息日工作 15、10 天，某物业公司既未安排调休，也未支付休息日加班工资。张某要求某物业公司支付上述期间休息日加班工资，某物业公司以张某实行不定时工作制为由未予以支付。2018 年 10 月，张某向仲裁委员会申请仲裁。请求裁决某物业公司支付 2017 年 11 月至 2018 年 9 月的休息日加班工资共计 8046 元（3500 元 ÷21.75 天 ×25 天 ×200%）。

二、处理结果

仲裁委员会裁决物业公司支付张某 2017 年 11 月至 2018 年 4 月的休息日加

班工资 4828 元（3500 元 ÷21.75 天 ×15 天 ×200%）。

张某不服仲裁裁决起诉，一审法院判决与仲裁裁决一致，后不服一审判决向上一级人民法院提起上诉，二审判决维持原判。

三、案例分析

本案的争议焦点是未经审批，物业公司能否仅凭与张某的约定实行不定时工作制。《中华人民共和国劳动法》第三十九条规定："企业因生产特点不能实行本法第三十六条、第三十八条规定的，经劳动行政部门批准，可以实行其他工作和休息办法。"

《关于企业实行不定时工作制和综合计算工时工作制的审批办法》（劳部发〔1994〕503 号）第四条规定："企业对符合下列条件之一的职工，可以实行不定时工作制。（一）企业中的高级管理人员、外勤人员、推销人员、部分值班人员和其他因工作无法按标准工作时间衡量的职工……"

从上述条款可知，用人单位对劳动者实行不定时工作制，有严格的适用主体和适用程序要求。

只有符合国家规定的特殊岗位劳动者，并经过人力资源社会保障部门审批，用人单位才能实行不定时工作制，否则不能实行。

本案中，张某所在的安全员岗位经审批实行不定时工作制的期间为 2018 年 5 月 1 日至 2019 年 4 月 30 日，此期间内根据《工资支付暂行规定》（劳部发〔1994〕489 号）第十三条规定，物业公司依法可以不支付张某休息日加班工资。

2017 年 11 月至 2018 年 4 月期间，物业公司未经人力资源社会保障部门审批，对张某所在岗位实行不定时工作制，违反相关法律规定。

因此，应当认定此期间张某实行标准工时制，物业公司应当按照《中华人民共和国劳动法》第四十四条规定"休息日安排劳动者工作又不能安排补休的，支付不低于工资的百分之二百的工资报酬"支付张某休息日加班工资。

不定时工作制是针对因生产特点、工作特殊需要或职责范围的关系，无法按标准工作时间衡量或需要机动作业的劳动者所采用的一种工时制度。法律规定不定时工作制必须经审批方可实行。一方面，用人单位不能仅凭与劳动者约定就实行不定时工作制，而应当及时报人力资源社会保障部门批准后实行。对实行不定时工作制劳动者，也应当根据有关规定，采用集中工作、集中休息、轮休调休、弹性工作时间等方式，确保劳动者休息休假权利。另一方面，人力资源社会保障部门不断完善特殊工时工作制的审批机制，及时满足用人单位经营管理需要。比如，规定批复时效在疫情防控期间到期且无法通过邮寄、网络等方式办理的，经原审批部门同意并备案后，原批复有效期可顺延至疫情防控措施结束。

案例 5：未办理工作交接，用人单位能否拒绝向离职员工支付工资

关键词：离职 / 工作交接义务 / 扣发工资

来源 / 提供者：人力资源和社会保障部　最高人民法院

一、案例描述

张某系某网络公司的工程师，双方签订有期限自 2016 年 3 月 1 日至 2019 年 2 月 28 日的劳动合同。2018 年 2 月 14 日，张某因个人原因向网络公司提出离职，但公司未向张某支付 2018 年 1 月 1 日至 2018 年 2 月 14 日的工资。

张某遂向仲裁委员会提起申请，要求公司支付其 2018 年 1 月 1 日至 2 月 14 日的工资。网络公司辩称，因张某未按照公司规定办理工作交接，故不同意支付张某 2018 年 1 月 1 日至 2 月 14 日的工资，称张某与公司办理完工作交接后再支付工资。

二、处理结果

仲裁委员会支持了张某的仲裁请求，裁决网络公司支付张某 2018 年 1 月 1 日至 2 月 14 日期间的工资。

三、案例分析

《中华人民共和国劳动合同法》第五十条规定，双方解除或终止劳动合同的，劳动者应当按照双方约定，办理工作交接。所以工作交接是劳动者离职时应履行的法定义务，劳动者应在离职时就其工作内容按照用人单位的要求进行交接，用

人单位应配合劳动者进行工作交接。

那么本案中张某未办理工作交接，能否成为公司不为张某结算工资的抗辩理由呢？答案是否定的。

工资是指劳动者提供劳动后，用人单位依据国家相关规定或劳动合同的约定，以货币形式直接支付给劳动者的劳动报酬。

《中华人民共和国劳动合同法》第三十条规定："用人单位应当按照劳动合同约定和国家规定，向劳动者及时足额支付劳动报酬。"依据该规定可以看出，劳动报酬是用人单位基于劳动关系，按照劳动者提供劳动的数量和质量，以货币形式支付给劳动者本人的劳动对价。因此只要劳动者正常提供劳动，就有依法获得劳动报酬的权利。

《中华人民共和国劳动法》第五十条规定："工资应当以货币形式按月支付给劳动者本人，不得克扣或者无故拖欠劳动者的工资。"

《工资支付暂行规定》第九条规定："劳动关系双方依法解除或终止劳动合同时，用人单位应在解除或终止劳动合同时一次付清劳动者工资。"

《工资支付暂行规定》第十五条规定："有下列情况之一的，用人单位可以代扣劳动者工资：（一）用人单位代扣代缴的个人所得税；（二）用人单位代扣代缴的应由劳动者个人负担的各项社会保险费用；（三）法院判决、裁定中要求代扣的抚养费、赡养费；（四）法律法规规定可以从劳动者工资中扣除的其他费用。"

依据上述规定可以看出，除法律规定用人单位可以代扣劳动者工资的情形外，用人单位不得随意扣发劳动者工资。双方解除劳动关系时，用人单位应当一次性付清劳动者工资。

综上所述，劳动者和用人单位应当依法履行各自的法定义务。本案中，用人单位的正确做法应当是依法支付张某应该享受的劳动报酬，再就张某未办理工作交接的情况，向仲裁委员会提出仲裁申请，请求裁决张某办理工作交接。

在实践中，用人单位与劳动者约定工作交接时，首先应有明确具体的内容；其次交接内容具有可执行性，例如要求返还办公电脑、工作文件、办公用品等。如果交接内容不具体或不具有可执行性，即使裁决劳动者办理工作交接，因交接内容约定不明确，实际执行中有可能无法有效地保护用人单位的合法权益。

案例 6：研发人员辞职后拒不交接工作给用人单位造成损失的，应承担赔偿责任

关键词： 研发人员 / 赔偿责任

来源 / 提供者： 最高人民法院案例研究院

一、案例描述

2020 年 12 月 1 日，某公司与李某订立劳动合同，约定李某担任研发岗位工作，合同期限 3 年；离职应当办理工作交接手续，交还工具、技术资料等，造成损失据实赔偿等内容。2022 年 2 月 15 日，李某向某公司提出辞职，随即离开且拒不办理工作交接手续。某公司通过启动备用方案、招聘人员、委托设计等措施补救研发项目，因研发设计进度延误、迟延交付样机承担了违约责任。某公司向某仲裁委员会申请仲裁，提出李某赔偿损失等请求。某仲裁委员会不予受理。某公司诉至人民法院。

二、处理结果

审理法院认为，劳动合同解除或者终止后，劳动者应当按照双方约定，办理工作交接手续。劳动者未履行前述义务给用人单位造成损失的，应当承担赔偿责任。李某作为某公司的研发人员，未提前三十日通知某公司即自行离职，且拒绝办理交接手续，其行为违反了劳动合同法第三十七条规定的劳动者提前三十日以书面形式通知用人单位，可以解除劳动合同的规定，应当按照第九十条有关劳动者赔偿责任的规定对某公司的损失承担赔偿责任。审理法院综合考量李某参与研发的时间、离职的时间、本人工资水平等因素，酌定李某赔偿某公司损失 50000 元。

三、案例分析

党的二十大报告在“完善科技创新体系”部分提出“坚持创新在我国现代

化建设全局中的核心地位”。创新型企业竞争力的重要来源之一为研发人员。研发人员掌握着项目重要资料，主动解除劳动合同时，应秉持诚信原则，遵守劳动合同约定和法律规定，提前通知用人单位，办理交接手续，便于用人单位继续开展研究工作。本案中，人民法院在劳动者拒不履行工作交接义务给用人单位造成损失的情况下，依法判令其承担赔偿责任，为科技创新提供优质的法治保障。

案例 7：劳动者给用人单位安全生产经营造成现实危险的可解除劳动合同

关键词： 劳动者 / 用人单位 / 解除劳动合同

来源 / 提供者： 某省人力资源和社会保障厅　某省高级人民法院

一、案例描述

梁某是某客运公司司机。2022 年 6 月 2 日，梁某作为当班驾驶员驾驶大型普通客车执行班车任务时，载客人数超出核定人数 40% 以上。6 月 7 日，某客运公司对超载事件责任人进行处理，解除与梁某的劳动关系。梁某认为某客运公司属违法解除，遂申请劳动仲裁，请求支付违法解除劳动合同的赔偿金。

二、处理结果

某市中级人民法院审理认为，某客运公司制定的《某客运公司车载视频监控系统管理使用规定》第三十条规定：“驾驶员有下列行为之一的，予以解除劳动合同：……（二）载人超过核定人数 20% 的；……”该规定合法合理，且已告知梁某，故梁某应当遵守上述规定。梁某载客人数超出核定人数 40% 以上，严重违反公司规章制度，且危及公共交通安全。某客运公司以梁某严重违反规章制度为由解除双方劳动关系，符合法律规定，无须支付违法解除劳动关系的赔偿金。遂判决驳回梁某的诉讼请求。

三、案例分析

用人单位制定完善的规章制度可以保障企业合法有序运作。劳动者严重违反用人单位规章制度，对用人单位的安全生产经营造成现实危险或重大经济损失，达到规章制度规定的解除劳动合同条件的，用人单位可以依法解除劳动合同。

案例 8：解除劳动合同的经济补偿应在劳动者离职时发放

关键词：解除劳动合同 / 经济补偿

来源 / 提供者：某省人力资源和社会保障厅　某省高级人民法院

一、案例描述

秦某于 2018 年 10 月 23 日入职某印刷公司工作。双方劳动合同期满后，某印刷公司不再与秦某续签劳动合同。秦某遂请求某印刷公司支付终止劳动合同的经济补偿。某印刷公司主张在平时发放给秦某的工资中，已经提前支付了经济补偿而拒绝支付。双方就此发生争议。

二、处理结果

某省高级人民法院审查认为，《中华人民共和国劳动合同法》第四十六条所规定的用人单位向劳动者支付的经济补偿，是用人单位在解除或终止劳动合同时应一次性向劳动者支付的经济补助，以保障劳动者解除劳动合同后的基本生活。本案中，某印刷公司主张已提前发放的“经济补偿”属于工资的一部分，其性质与法律规定的终止劳动合同的经济补偿明显不同。该公司主张其在解除劳动关系时无须再支付经济补偿，于法无据。

三、案例分析

近年来，用人单位以提前每年支付“经济补偿”的方式来逃避经济补偿支付责任的新类型纠纷开始出现。本案通过明确经济补偿的性质和作用，对用人单位规避法定义务的行为予以纠正，有效保护了劳动者的合法权益。

第十四章　其　　他

 案例 1：劳动能力鉴定期间，单位是否应当发放工资

关键词： 工伤 / 劳动能力鉴定 / 扣工资

来源 / 提供者： 人力资源和社会保障部

一、案例描述

金某是某自动化公司职工，2019 年 4 月发生工伤，在医院住院 40 天后出院，医院开具了再休息 20 天的诊断意见。

休息期满后，金某又在家休息了 3 个月，但没有向单位提供医院的相关诊断证明，单位因此停发了他这期间的工资。

后经劳动能力鉴定委员会鉴定，金某为伤残九级。在计算有关工伤待遇时，金某要求单位补发其在家休息 3 个月的工资，遭到单位拒绝。于是，金某向当地仲裁委员会申请仲裁。

金某认为，《工伤保险条例》规定的工伤停工留薪期为 12 个月，其在家休息 3 个月符合规定，且在此期间，金某一直在等待劳动能力鉴定结果，因此公司应该正常向其发放工资。

公司认为，金某没有提供医院出具的应当继续休息的证明就擅自休息 3 个月，且等待劳动能力鉴定结果并不构成金某不来上班的理由，所以没有向其发放工资。

二、处理结果

金某的请求最终没能得到仲裁委员会的支持。

三、案例分析

《工伤保险条例》第三十三条规定：

“职工因工作遭受事故伤害或者患职业病需要暂停工作接受工伤医疗的，在停工留薪期内，原工资福利待遇不变，由所在单位按月支付。

停工留薪期一般不超过12个月。伤情严重或者情况特殊，经设区的市级劳动能力鉴定委员会确认，可以适当延长，但延长不得超过12个月。工伤职工评定伤残等级后，停发原待遇，按照本章的有关规定享受伤残待遇。工伤职工在停工留薪期满后仍需治疗的，继续享受工伤医疗待遇。”

值得注意的是，停工留薪期是在发生工伤后的休息治疗期间，并不是说发生了工伤，就必须休息治疗12个月。

伤情稳定或者医疗终结时应当出院，出院后需要继续休息的，应当有医疗机构的证明；需要延长的，需经劳动能力鉴定委员会确认。

本案中的当事人在出院休息20天后没有上班，也没有提供医疗机构出具的继续休息证明，在这种情况下，向单位提出这3个月的工资要求是没有法律根据的。

案例2：用人单位是否应该为职工缴纳社会保险

关键词：社会保险

来源／提供者：某市中级人民法院

一、案例描述

王某系某物流公司员工，双方未签订劳动合同，某物流公司亦未给王某缴纳社会保险。后王某在工作中受伤，之后未再到该物流公司上班，该物流公司未再向王某支付工资。双方因经济补偿金、工伤保险待遇等产生争议，诉至法院。

二、处理结果

该市中级人民法院经审理后认为，王某发生工伤后，已经在该市人力资源和社会保障局进行了工伤认定及某市劳动能力鉴定委员会进行了劳动能力鉴定。因某物

流公司未依法为王某缴纳社会保险，该物流公司应向王某支付各项工伤保险待遇。

三、案例分析

用人单位未依法为劳动者缴纳工伤保险，劳动者工伤认定后，用人单位应向劳动者承担相关的工伤保险待遇。

 案例 3：退休以身份证年龄还是以档案年龄为准

关键词：退休 / 身份证年龄 / 档案年龄

来源 / 提供者：某省高级人民法院

一、案例描述

黎三叔，男，1955 年 4 月 29 日出生。

1969 年 12 月，黎三叔应征入伍。黎三叔个人档案最先记载出生年月为应征公民兵役登记表及政治审查登记表中记载的出生年月为 1954 年 4 月 29 日。

1975 年 3 月黎三叔退伍，同年 6 月安排在某市某酒厂工作，后调入市广播电视局、市电视台工作，2014 年退休前系省广播电视网络传输有限公司职工。

黎三叔第一、二代居民身份证、常住人口信息、户口簿及相关考核评审表中的出生年月均记载为 1955 年 4 月或 1955 年 4 月 29 日。黎三叔应征入伍前的户籍档案材料及出生证材料均未查询到。

2014 年 4 月 22 日，黎三叔所在单位向省社会保险管理中心递交了黎三叔的参保人员养老金待遇审批表。

2014 年 4 月 23 日，公司向人社厅相关部门递交了黎三叔的参保人员基本养老金申领表。

2014 年 4 月 28 日，黎三叔接到人社厅养老保险处的参保人员养老金待遇审批表及公司的退休审批表等决定、通知。

黎三叔不服，认为其尚未到法定退休年龄，于 2014 年 6 月 21 日向省人民政府提起行政复议，省政府于 2014 年 8 月 19 日作出行政复议书，维持人社厅在办理黎三叔退休和养老金时对黎三叔出生时间的认定，并以此作出的参保人员养老

金待遇审批表，黎三叔不服该行政复议决定，于 2014 年 12 月 22 日向该市中院提起行政诉讼。

二、处理结果

该市中级人民法院一审认为：黎三叔的第一代身份证记载年龄虽为 1955 年 4 月 29 日，但该身份证签发日期为 1987 年 10 月，而黎三叔的档案形成于 1969 年 12 月。参照原劳动和社会保障部《关于制止和纠正违反国家规定办理企业职工提前退休有关问题的通知》，如本人身份证和档案记载的出生时间不一致的，应以本人档案中最先记载的出生时间为准。上述通知虽然是对企业职工提前退休有关问题的规范性文件，但人社厅比照此通知中相关规定并不违背法律禁止性规定，且该通知至今有效。因此不应认定人社厅在本起退休审批中适用法律错误。

人社厅相关部门在审批中程序不规范，但审批结果并无不妥。黎三叔认为该具体行政行为程序违法，认定事实不清，证据不足，适用法律错误，依法应予撤销的理由不足，不予采纳。一审判决驳回黎三叔的诉讼请求。

黎三叔不服该判决，上诉至某省高级人民法院。

该省高级人民法院二审认为：《关于制止和纠正违反国家规定办理企业职工提前退休有关问题的通知》（劳社部发〔1999〕8 号）是原劳动和社会保障部在职责范围内对确定职工退休相关问题下发的规范性文件，是对该办法的具体应用解释，与上位法并不相抵触，在认定被诉具体行政行为是否合法时应承认其效力。

人社厅在退休审批过程中发现黎三叔的档案中记载的出生时间不一致，应征公民兵役登记表及政治审查登记表上记载的出生时间是 1954 年 4 月 29 日，是其档案中最先记载的出生时间，其他材料记载的均为 1955 年 4 月 29 日。根据《关于制止和纠正违反国家规定办理企业职工提前退休有关问题的通知》的规定，人社厅认定黎三叔退休起算时间为 1954 年 4 月 29 日并无不妥。某省高级人民法院作出二审判决：驳回上诉，维持原判决。

黎三叔不服一、二审判决，向最高人民法院申请再审，请求撤销原审判决，依法重新审理本案或发回重审。主要事实和理由为：

（1）人社厅对我出生日期的认定适用法规错误，违反最高人民法院《关于贯彻执行〈民法通则〉若干问题的意见（试行）》中第一条第一款规定：公民

的“出生的时间以户籍证明为准”;《国务院关于工人退休、退职的暂行办法》(国发〔1978〕104号)文件第一条第一款规定:“男年满六十周岁，女年满五十周岁，连续工龄满十年的”(法定退休年龄)等法律法规。

(2)人社厅对我出生日期的认定与客观事实严重不符，在适用证据时严重违反法定程序。《中华人民共和国民事诉讼法》第六章“证据”第六十三条第二款规定:“证据必须查证属实，才能作为认定事实的根据。”档案最先记载的出生日期非本人填写，不代表申请人主观意愿，由我承担责任和后果明显有失公正。

(3)人社厅在参保人员养老金待遇审批表中更改我的出生年月属擅自变更公民居民身份证登记项目，超越法定权限，违反行政法关于“有授权则有行政，无授权则无行政”的基本原则。据此做出的“正常退休”审批决定，行政行为违法，侵害了我的合法权益。

某省高级人民法院认为：黎三叔申请更正其档案中出生日期的冲突记载，但根据劳动和社会保障部《关于制止和纠正违反国家规定办理企业职工提前退休有关问题的通知》(劳社部发〔1999〕8号)规定，对职工出生时间的认定，实行居民身份证与职工档案相结合的办法。当本人身份证与档案记载的出生时间不一致时，以本人档案最先记载的出生时间为准。

至于国务院《关于做好规章清理工作有关问题的通知》(国办发〔2010〕28号)清理对象是规章，劳社部发〔1999〕8号文属规范性文件，不属于国务院规章清理的范围，黎三叔认为劳社部发〔1999〕8号文没有上位法依据、系被国务院清理的规章属于无效的申请，再审的理由不能成立。

而劳社部发〔1999〕8号文中对退休起算时间的规定是为规范确定职工退休时间，在本人身份证和档案记载的出生时间不一致的特殊情况下，以本人档案中最先记载的出生时间来确定退休时间，并不是确认其身份情况，与最高人民法院《关于贯彻执行〈民法通则〉若干问题的意见(试行)》并不抵触。故人社厅认定黎三叔退休起算时间为1954年4月29日并无不妥。

综上所述，某省高级人民法院裁定如下：驳回黎三叔的再审申请。

三、案例分析

某省高级人民法院认为身份证和档案记载的出生时间不一致的，应以本人档案中最先记载的出生时间来确定退休时间。根据《关于制止和纠正违反国家规定办理企业职工提前退休有关问题的通知》（劳社部发〔1999〕8号）第二条之规定“二、规范退休审批程序，健全审批制度：

（1）加强企业职工退休审批工作的管理。各地区要严格按照《通知》规定的企业职工退休、退职审批权限，规范企业职工退休审批工作，要建立审批工作制度，规范审批程序，加强对审批工作的监督。

（2）对职工出生时间的认定，实行居民身份证与职工档案相结合的办法。当本人身份证与档案记载的出生时间不一致时，以本人档案最先记载的出生时间为准。要加强对居民身份证和职工档案的管理，严禁随意更改职工出生时间和编造档案。

（3）职工因病或非因工致残完全丧失劳动能力统一由地市级劳动保障部门指定的县级以上医院负责医疗诊断，并出具证明。非指定医院出具的证明一律无效。”

案例4：员工请病假未获批，拒绝上班是否构成旷工

关键词：病假 / 旷工

来源 / 提供者：某市中级人民法院

一、案例描述

杜某某于2004年6月24日入职某生物工程公司。

公司制度规定：“5日以上请假需经总经理批准，请假必须提前1天申请，批准手续完备后方可执行，如确实因病不能及时请假，可电话请准，两天内补假。”

《员工补充协议》第6条约定，累计旷工3天以上、请假未获批准而擅自休假3天以上，公司有权解除劳动合同。

2020年4月3日，杜某某请病假未上班，至某医院就诊，门诊病历显示：自诉腰疼三年余，伴左下肢疼痛、麻木5个月；诊断：腰椎间盘突出症？诊疗意见：休息，注意姿势，佩戴腰围保护，理疗，继续口服药物治疗，脊柱外科随诊，症状加重或不缓解及时就诊。

2020年4月17日、5月5日、7月3日、8月3日、8月15日、9月2日，

杜某某就前述症状数次至某医院就诊。其间，杜某某一直休病假。

9 月 17 日，杜某某持某医院病假证明单再次以同样理由请病假，公司对其长期请病假事由真实性提出质疑，双方预约至某医学院附属医院脊柱外科诊疗。

2020 年 9 月 23 日，经诊断，杜某某病症较轻，医生拒绝为其开具假条。9 月 24—27 日，杜某某未至单位上班。

28 日，公司人力资源部电话通知杜某某回单位上班，并表示可以给杜某某调整工作岗位，杜某某坚持其 9 月 17 日开具的假条有效，并拒绝上班。

29 日，公司书面通知杜某某务必于 10 月 9 日上班，如不按时上班，将按照《公司违纪处罚制度》办理。2020 年 10 月 9 日，公司工作人员再次陪同杜某某至某医学院附属医院诊疗，医生诊断杜某某病症较轻，无须休病假。诊疗期间，杜某某请求医生为其开具假条，医生认为其病症较轻，无须休假，对其请求予以拒绝。

10 月 10 日，杜某某未上班，亦未请假，其电话联系公司人力资源部，称其已自行至医院开具假条。

10 月 13 日，杜某某至公司交假条，公司工作人员不认可该假条并拒收。

10 月 14 日，公司向公司工会委员会发出解除杜某某劳动合同的通知函，同日，工会回函表示同意。10 月 15 日，公司以杜某某旷工为由向其发出解除劳动合同通知书。杜某某申请仲裁要求公司支付违法解除的赔偿金 300455.36 元，仲裁委不予支持。杜某某不服，起诉到法院。

二、处理结果

一审法院认为，法律既应保护劳动者的合法权益，也应当保护用人单位正常、正当的管理行为，当劳动者严重违反用人单位规章制度时，用人单位可以单方解除劳动合同。本案的争议焦点即在于杜某某是否存在严重违反公司规章制度并可由其用人单位公司单方解除劳动合同的情形。

（1）仲裁过程中，杜某某把员工手册作为证据提交主张病假工资，说明其知悉公司的请销假制度和违纪处罚制度，杜某某签字的劳动合同补充协议中对旷工行为也作出了明确规定，说明杜某某知悉公司关于旷工的规定，劳动者与用人单位均应遵守。

（2）自 2020 年 4 月 3 日始，杜某某长期休病假，公司产生一定的怀疑并要求杜某某复诊审核病假是合理的，亦属于用人单位管理权限范围。

（3）从两次复诊审核后公司的表现、公司发出的书面通知以及杜某某提交的公司人力部门工作人员与其的电话录音来看，公司把复诊审核作为考察杜某某休病假正当性、必要性的手段而非结果。

（4）在两次复诊审核并书面通知后，杜某某在未请假或事后请假未获准的情况下，不到岗工作，事后再以有医院开具的病假证明为由否定公司对其旷工的认定于理不符，亦是其将公司的规章制度和正当的管理行为弃于身后的表现，理应由其承担不利的法律后果。

（5）公司做出的解除劳动合同决定符合法律规定和公司规章制度，且程序并无违法之处。

综上所述，杜某某要求公司支付违法解除劳动合同赔偿金 300455.36 元的诉讼请求不能成立，对其主张，一审法院不予支持。

杜某某不服，提起上诉。

二审判决：杜某某在未按照员工手册规定请假且事后请假未获批准的情况下，以其自行开具了病假条为由拒绝到岗上班，其行为已构成旷工。

二审法院认为，本案争议的焦点为：公司解除与杜某某的劳动合同是否系违法解除劳动合同。

公司主张杜某某在请假未获准的情况下，经公司催告拒不到岗上班，已构成旷工，公司依照其公司规章制度的规定解除与杜某某的劳动合同符合法律规定。杜某某对此不予认可，其认为公司主张的期间其虽未到单位上班，但已向单位递交病假证明，其属于休病假而不是旷工，公司解除与其的劳动合同属于违法解除劳动合同。

综合双方提交的证据及当庭的陈述，本院作出分析如下：

杜某某自 2020 年 4 月 3 日开始长期休病假，至 2020 年 9 月 23 日已达五个多月。经医院诊断，杜某某所患为腰椎间盘突出症。而腰椎间盘突出症作为近年来的常见多发疾病，其治疗不必然影响正常工作。公司作为用人单位对劳动者负有管理职责，其对杜某某因腰椎间盘突出症而休病假达五个多月提出质疑具有合理性。

双方均确认公司工作人员分别于2020年9月23日、10月9日陪同杜某某至某医学院附属医院脊柱外科进行诊疗。经诊断，医生均未给杜某某开具假条。

杜某某主张某医学院附属医院医生系与公司工作人员恶意串通不给其开具病假条，但对此其未提供有效证据予以证明，本院对此不予采信。

在上述期间，杜某某始终未到岗工作，且杜某某未提供有效证据证明其在病休期间采取过诊疗意见中建议的用药或理疗等治疗措施。公司在陪同杜某某就诊后根据实际情况要求杜某某到岗上班并表示可以为其调整工作岗位并无不合理之处，杜某某在未按照员工手册规定请假且事后请假未获批准的情况下，又以其自行开具了病假条为由拒绝到岗上班，显然系违反单位的劳动管理，其行为已构成旷工。

公司与杜某某签订的《员工补充协议》中约定，累计旷工3天以上、请假未获批准而擅自休假3天以上，公司有权解除劳动合同，且员工不享受劳动合同解除补偿金。公司根据上述约定解除与杜某某的劳动合同，符合法律规定。原审对杜某某关于违法解除劳动合同赔偿金的请求不予支持，并无不当。

综上所述，二审判决如下：驳回上诉，维持原判。

三、案例分析

劳动合同解除的法定情形中，劳动者严重违反用人单位规章制度的，用人单位可以解除劳动合同。